『お母さん業界新聞』コラム集

百万母力

藤本裕子

論創社

〈1〉 2008年（平成20年）創刊準備号　お母さん業界新聞

百万母力の子育て情報紙　創刊準備号

月刊 お母さん業界新聞

www.okaasan.net/

0yen

お母さん業界新聞創刊！
新しい門出にカンパイ！
新しい出会いにカンパイ！
母親たちがつくる
母親たちのための
百万母力の子育て情報紙
お母さん大学が発信します！

今月の業界数字
給食に陶磁器使用
33%
文部科学省データ

今月号のとっておき

横浜市営地下鉄グリーンライン開業で、子連れ取材に初挑戦！ 2

子どもの健診は行くけど、お母さんの健康診断はなかなか…。 6

あれ、子どもが青い空を飛んでいる！ いや、踊っている！ 7

業界歳時記

穀雨（こくう）
穀物の成長を促すやさしい雨

4月20日は、二十四節気の「穀雨」。穀物の成長を助ける恵みの雨だ。春の雨には「やさしさ」がある。それは、穀物を育む慈愛のようなもの。大陸からの移動性高気圧で天候がめまぐるしく変わるこの季節。「春に三日の晴れなし」とはよくいったもの。子どもも大人も大きく環境が変わる4月。希望の時でもあり、慣れない環境に戸惑う時でもある。穀雨の頃より春の天気も安定し、日差しも強まってくる。「雨降って地固まる」がごとく、輝かしい新緑の季節を迎えたい。（南）

夢を描くお母さん

小さくてもいいから雑貨屋さんをつくりたい！

松岡千鶴さん（32歳）

2歳8か月の未夏ちゃんと、11か月の未来輝くんのお母さん。今はまだ、手がかかる2人の子育てに明け暮れる毎日。

「できなくて当たり前と思いつつ、ついカッとなってしまう自分が…。でも周囲のママ友と悩みや喜びを共感し、支えられ、子育てを楽しませてもらっています」。

夢は、小さくてもいいから、自分スタイルで選んだ、こだわりの商品を並べる雑貨屋さんをつくること。「今から夢の計画を立てて、少しずつ実行していければと思います。まずは生活の中に、お気に入りの場所、お気に入りの時間、お気に入りのモノを取り入れていくことから」。

東京・代官山で購入したというピースリング（抱っこ紐）がとてもよくお似合い。「生地の織りや染め、何より微妙な色合いに一目惚れでした」。子どもと一緒のおしゃれを楽しむ、素敵なお母さんだ。

お母さん金メダリスト
佐々木和枝さん（32歳）

母たちへの一文

お母さんを選んで生まれてくる子どもたち

池川クリニック院長
池川 明さん

子どもたちが語る生まれる前の記憶。そこから見えてきたのは、出産・育児にはお母さんの成長を助けるための側面があるということです。そのためにお母さんを自ら選んでやってきたと語る子も多いのです。悲しそうなお母さんを残し、自分が生まれることによって「笑ってもらう」ためにわざわざ選んできた、と。一番人気のお母さんは「やさしそうな人」。でも生まれてみたら「怒ってばかり」「やさしそうな人と勘違いしちゃった」。こんな子どもの声にハッとするお母さんは多いでしょう。

そんな親を選ぶ子どもたちがお母さんたちに願っていることの一つに、「お母さん力」をつけてね、ということがあるようです。かつて自分が子どものときにそうであったように、子どもたちは日々の生活の中で、お母さんの成長を助けています。

「お母さん力」をつけると家庭が、家庭が変われば地域も、ひいては日本が変わっていくと思います。今の混迷とした日本に必要なのは「お母さん力」です。一人ひとりのお母さんの力を大切に育てていきましょう。

八面六臂

お母さんなら、わかる

新聞や雑誌をつくって19年になる。これまで制作に関しては、何ひとつ不安を抱いたことはなかった。が、この「月刊お母さん業界新聞」の創刊準備号は、正直、苦しかった。情報も、企画もたくさんある。なのに苦しんだのは、この新聞が、子育ての原点を伝える新聞だからだ。「子育ての原点を伝える」って、そんなに簡単なことではない。コンセプトなんてレベルのものではない。むしろ、そんなに簡単につくってたまるかと、見えない相手と闘っていた。ある意味それは、自分との闘いだった。

そんなとき、お母さんは闘ったらダメよと、どこからか声が聞こえた。川が流れるように、自然な流れが一番いいんだよと。でも、自然っていったい何？

自然分娩、自然育児、自然農法…。普通に解釈すると、医療技術が介入しないお産、自然の中で子どもを育てること、農薬を使わない農法。だがその説明では、どこか物足りない気がする。「自然」という意味は、もっともっと奥深いものではないか。

世の中のすべてのバランスがおかしくなっている。過度に利便性を追求、経済重視の社会が、人間の心のバランスを崩した。

樹齢数百年の木々は、互いに生きるためにほどよい間隔を保って立っている。凛としたその姿に、自然の摂理を超越した美しさを感じずにはいられない。そうした自然に一番近いところで生きている子どもたちが、体当たりで、私たちに大切なことを教えてくれている。

一人ひとりの母親たちが、母親であることに喜びを感じ、その思い（記事）を発信する。それは、どれほどの出会い（学び）につながるだろう。そして、その「共感」の場が、私が目指す「お母さん大学」である。

創刊準備号は、高齢出産でボロボロの私が出産。だがこの先、若いお母さんたちに、この新聞をバトンタッチしていくことが、私の夢であり、使命でもある。

社会のため、未来のため、子どもたちのため、なんてうそっぽい言葉を並べても気持ち悪い。ただ望むのは、ただ祈るのは、わが子の笑顔。それが、どれほど自分を感動させ、幸せにしてくれるか。

お母さんなら、きっとわかる。

藤本裕子

新『お母さん業界新聞』は、以前の新聞に戻ったのではなく、より深く、より大きな「お母さんの心」を伝える新聞として、生まれ変わって創刊。（2008.4～）

〈1〉　2005年（平成17年）6月号

LIVE LIFE

Vol.23 2005.6 www.30ans.com

LIVE LIFE

発行／（株）トランタンネットワーク新聞社　発行人／藤本裕子　発行部数／5万部　購読料／3000円（税込・送料込）
〒221-0052　横浜市神奈川区栄町17-4-1403　TEL045-444-4030 FAX045-444-4031 info@30ans.com

お母さんの笑顔のために

子どもの笑顔はお母さんの笑顔
そして、お母さんの笑顔は子どもの笑顔
お母さんの「心」と子どもの「心」は
つながっているんだね
ずっと大きくなっても…

30ans Mother University Project
トランタンお母さん大学

八面六臂

子育て支援の文化を創る

親子でベートーヴェンコンサートの協賛依頼で企業回りをしている母親たちからの報告では、企業の子育て支援はまだまだ非現実的。さすがに大手企業では次世代法の話は通じるものの具体論を模索中、しかも義務感は拭えない。

一方で、次世代法なんて制度も何も知らない中小企業の社長の「うちは社員に、どんどん子どもを産みなさいと言っているんです」というセリフに、思わず拍手した。

ある既婚女性が就職試験の面接で、「出産の予定は？」と質問された話が新聞に出ていた。質問の答えは「当面、産む予定はありません」。さらに「子どもが熱を出したらどうしますか？」と続く質問には「家族や周りが助けてくれます」。そう応えなければ、彼女は採用されない。

先日、ある大手新聞社の女性記者と出会った。来月から半年間、子連れで海外研修に行くという。思わず「子連れで？」と叫んだ私。この会社では、子連れで海外研修に行く人が多いという。彼女いわく「子どもができてから社会を意識するようになり、仕事に幅が出たし、楽しくなった」と。この会社のトップに会いたいと思った。

先ほどの「子どもの熱…」の質問に対し、「日ごろ仕事で、子どもにもさびしい思いをさせていますから、病気のときくらいはそばにいてあげたいですね。もちろん、それで仕事に支障がきたさないように、日ごろから仲間と協働・連携の仕事に努めたいと思います」と答える人を採用する会社はあるだろうか。

それが、どれだけ働く母親たちの安心と、さらに仕事の効率をも上げることになるか。

子育て支援制度は、人が人として社会に生きる上での基本。だが、これからの課題は、子育て支援の「文化」を創ること。次世代法に「人の心」をプラスできたら、日本の子育ても少しは変わるかもしれない。

そんな企業を探しに、お母さんたちは、今日も走り、メモをとる…。

藤本裕子

新聞のターゲットは、変わらず「お母さん」だが、母親（子育て）から人間（人生）へと一気にステージを広げ、「リブライフ＝生きる」というテーマを追究。（2004.3～2008.3）

(1)　2001年（平成13年）8月1日号　月刊お母さん業界新聞

月刊 毎月1日発行

お母さん業界新聞

横浜発

2001 8月号 August

編集：ブラボー子育て21実行委員会　発行：(有)トランタンネットワーク新聞社　vol.28

発行人・編集人◆藤本裕子
TEL 045-250-0130　FAX 045-250-0138
〒231-0045 神奈川県横浜市中区伊勢佐木町1-6-4
◆年間購読料：3000円（送料込み）　発行部数：5万部

ウェブで乾杯！　トランタンネットワーク新聞社 お便りはこちらに！ http://www.30ans.com/ info@30ans.com

今月の業界数字

小泉内閣メルマガ登録者数
211万人
（インターネット利用人口の5.7%）

CONTENTS

今月のキーワード「グラフィティ」

サッカーの中田選手のバッグといえば、ご記憶の方もいるだろう。LとVでおなじみの超メジャーブランドが火付け役となり、「グラフィティ柄」と呼ばれる「落書き文字」のアイテムが人気。「あれのどこがカッコイイの？」と不思議に思う業界人がほとんどでしょ。それでこそ業界人！ そう、何を珍しがることあろうか。日ごろ、わが子が描くアーティスティックな落書きに埋もれて生活している私たち。「グラフィティ柄」が業界人層に浸透するかどうか、注目したい。

八面六臂

なにが、子育て支援だ！

ある託児付き講演会。講演の途中、参加者の半数以上の母親が「○○ちゃんのお母さん」と書かれたボードで呼び出された。数分後には、泣き顔の子どもを抱いて、会場に戻って来る。保育者には、「子どもを泣かせてまで保育できない」という持論があった。おかげで、講演会場は保育園さながら。

初めて託児を経験する母親は、講演ギリギリまで保育室にいて、後ろ髪を引かれる思いで子どもを置いていく。一方で、子どもを保育者に託し、一言も声をかけずに保育室を出ていく母親もいる。突然に母親を見失い、子どもは泣き叫ぶ。えてして、子どもを預ける心構えや準備ができていない母親たち。

少子化対策の一環として設けられた、子育て支援の講演会。わずか2時間でさえ、子どもと離れられない母親たちがたくさんいる現実。

もうひとつの講演会。テーマは「夢を描いて子育て」。主催者の意向に沿って、母親が夢を描き、笑顔で子育てをすることがどんなに大切かを、2時間たっぷり語した。大変な子育てに、夢を描くことをすっかり忘れていた母親たちが、講演会の終わりには、少しずつだが夢を描き始めていた。

ところが、講演会終了の主催者側のコメント。「皆さん、夢を描くのもいいけれど、子育てをちゃんとしてからにしてくださいね。老婆心ながら一言だけ」。ちなみに、ご挨拶されたのは、何十年も母親たちを支援してきたという女性。もちろん、講演も最後まで聞いてくれていたのだが…。

新しい時代の子育て支援、母親の支援より、支援者への教育が優先ではないか。

業界歳時記

消えゆく日本の夏

毎年のことだけど、「夏ってこんなに暑かったっけ？」と思わずにいられない今日このごろ。いつからか、クーラーは贅沢品ではなくなった。子どものころ、日に何度もシャワーを浴び、家の前に水をまいて涼をとった。確かに、今より車の量は少なくて、土も緑もいっぱいあった。

極端にクーラーの効いた電車や建物を出ると、玉のような汗が流れ落ちる。都市熱といわれる人工的な暑さに加え、スポーツなどで気持ちいい汗をかくことがない今の生活。身体によくないと知りつつ、またクーラー漬けの毎日。

さて、今年も浴衣が大人気。若い子たちは浴衣姿で電車に乗れても、私たちはちょっとね…。せめて地元の盆おどりにでもと思ったら、あまりに参加者が少ないので、2年前からなくなったんだって。

セミの声や蚊とり線香、風鈴も今は昔。夕涼み、かき氷、すいかわり…。ああ、消えていく「日本の夏」が懐かしい。

7月30日7時30分　お母さんの夢がひとつになる　http://www30ans.com/

世界初「お母さん業界紙」として、あらゆる総合職である「お母さん業」を多角的に分析。お母さんの夢と自立を応援するというコンセプトにも注目が集まった。（1999.5 ～ 2003.4）

『お母さん業界新聞』コラム集

百万母力

藤本裕子

論創社

はじめに——百万母力《ひゃくまんぼりき》

神様からお母さんにだけ与えられた、「母力」という素晴らしい力。
それは、すべてのお母さんが持っている力。

お母さんはスゴイ！

十月十日《とつきとおか》の間に
母親の胎内で繰り広げられる、命の誕生という奇跡。
命を産み育て、子どもを守り、未来をつくる偉大な人。

そして、そんな母親を、無条件に愛してくれる子どもという存在。

これほど絶対無二の関係は、ほかにはない。

けれども、現実の社会では
三日に一人の割合で、幼い子どもたちが、親から虐待を受けて命を落としている。
子どもの笑顔を望まない母親なんて、ひとりもいるはずがないのに……。

もし今、わが子を愛せないというお母さんは
少しだけ、お母さんであることを忘れてしまっているのかもしれない。

でも、大丈夫。
眠っている「母力」のスイッチを、オンにすればいい。
私の仕事は、そのスイッチをオンにすること。
そして、お母さんを笑顔にすること。

なぜなら、未来をつくるのは、お母さんの笑顔だから。
お母さんが笑顔になれば、
子どもやお父さんはもちろん、すべての人が笑顔になり、
地域が元気になる。

百万母力……。
百万人のお母さんに「お母さんの心」を届け、
百万人のお母さんが「お母さんであることの喜び」を感じてくれたら、
世の中も、変わるだろう。

この本を手にしてくれたあなたはもう、百万母力のひとり（一力）である。

藤本裕子

百万母力——『お母さん業界新聞』コラム集　目次

第二章 『リブライフ』（二〇〇四年三月号～〇八年三月号） 57

第一章　新『お母さん業界新聞』（二〇〇八年四月号～〇九年十二月号）

お母さんなら、わかる

新聞や雑誌をつくって十九年になる。これまで制作に関しては、何ひとつ不安を抱いたことはなかった。

が、『月刊お母さん業界新聞』の（リニューアル）創刊準備号は、正直、苦しかった。情報も、企画もたくさんある。なのに苦しんだのは、この新聞が、子育ての原点を伝える新聞だからだ。

「子育ての原点を伝える」って、そんなに簡単なことではない。コンセプトなんてレベルのものではない。むしろ、そんなに簡単につくってたまるかと、見えない相手と闘っていた。ある意味それは、自分との闘いだった。

そんなとき、お母さんは闘ったらダメよと、どこからか声が聞こえた。川が流れるように、自然な流れが一番いいんだよ、と。

でも、自然っていったい何？　自然分娩、自然育児、自然農法……。普通に解釈すると、医療技術が介入しないお産、自然の中で子どもを育てること、農薬を使わない農法。だがその説明では、どこか物足りない気がする。「自然」という意味は、もっともっと奥深いものではないか。

世の中のすべてのバランスがおかしくなっている。過度に利便性を追求、経済重視の社会が、人間の心のバランスを崩した。樹齢数百年の木々は、互いに生きるためにほどよい間隔を保って立っている。凛としたその姿に、自然の摂理を超越した美しさを感じずにはいられない。

そうした自然に一番近いところで生きている子どもたちが、体当たりで、私たちに大切なことを教えてくれている。

一人ひとりの母親たちが、母親であることに喜びを感じ、その思い（記事）を発信する。それは、どれほどの出会い（学び）につながるだろう。そして、その「共感」の場が、私が目指す「お母さん大学」である。創刊準備号は、高齢出産でボロボロの私が出産。だがこの先、若いお母さんたちに、この新聞をバトンタッチしていくことが、私の夢であり、使命でもある。

社会のため、未来のため、子どもたちのため、なんて嘘っぽい言葉を並べても気持ちが悪い。ただ望むのは、ただ祈るのは、わが子の笑顔。それが、どれほど自分を感動させ、幸せにしてくれるか。

お母さんなら、きっとわかる。

（二〇〇八年四月号）

地域でお母さんの夢が広がる

本部から届いた新聞の束を前に考える。悩む。「誰にどう配ろうか」と。

お母さん記者たちは一斉に、地域にアンテナを立てた。配布先は子育て中のお母さんたちが立ち寄るお店、公共施設など。情報を収集し、作戦を練る。お母さんたちが手に取りやすいよう、オリジナルのボックスをつくったり、思いを込めた手紙を書いたり。

いざ、地域に出陣！

忙しい子育てや仕事の合間をぬっての新聞配布は、決して容易なことではない。また、普段から地域との関わりがある人はいいが、初めて「地域」を意識したお母さん記者には、相当大変だったろう。痛いほどわかる。

「フリーペーパーは置けません」の一言で断られたとき、どう応えていいのかわからず、一気にへこむ。けれど、諦めない。泣きたい気持ちをぐっとこらえ「一部だけ置いていきますので、読んでみてください」と。

後日、「いい新聞だから置いていいよ」との返答に飛び上がる。ウェブで報告すると、仲間が一緒に喜んでくれる。時には怪しい勧誘と思われたりもした。だが、皆が同じ「め」にあっていると思えば、勇気はさらに広がった。

中には、本部から配布に関する細かな指示がないことに不安を覚えたお母さんもいる。が、あえて言わない。「なぜ自分がお母さん大学に関わり、この新聞で何を伝えたいのか？」。それがすべてだから、マニュアルはない。行動する中でだんだん見えてくる。

やがてウェブに、仲間からの失敗や成功の報告がアップされると、それが学びとなり、励みにもなっていった。世の中のしくみ、人のやさしさ、厳しさも、新聞を配る中で見えてくる。まさに、お母さん大学の地域学だ。

あるお母さんは「横浜にある、お母さんの小さな新聞社がつくっています」と説明した。売りは「小さな新聞社」(笑)。大きな新聞社ではできないことが、できる⁉

この新聞が「百万母力」の新聞になったとき、お母さんたちは変わるはず。八頁の紙面で伝えられることは、ほんのわずか。本当に大切なことを伝えられるのは、この新聞ではなく、地域で配布しているお母さんたち。

新聞が手から手へと渡り、お母さんたちの夢やステージが広がっていく。

日本中のお母さんが、『お母さん業界新聞』の種を蒔いてくれている。その種が小さな芽を出し、花になる頃には、地域は、夢いっぱいのお母さんたちの笑顔で包まれるだろう。

（二〇〇八年六月号）

お母さんのもてあました手

夏の思い出といえば、幼稚園や学校のプールの時間。わが家の三人娘も、小さい頃はプールをとても楽しみにしていた。もう二十年も前の話になるが、子どもたちがプールの日の朝は慌ただしい。体温を計りカードに書き込んで、印鑑を押して持参しなければ、プールに入れなかった。

とにかく、毎朝三人を学校に送り出すだけでも大変。それぞれ忘れ物がないかを確認し、髪を整える。ロングヘアーの髪を束ねたり、編み込みにしたり。少しでもおかしいと「やり直して」と騒ぐし、紺色の水着もサイズを間違えないように注意をはらわなければならなかった。

まだ水銀体温計しかない時代。一人に三分はかかるため、三人順番に計っていたら、遅刻だってしかねない。そこで私が使っていたのが、必殺「お母さんの手温計」！　三人を並べ、順番に額に手を当てて、「え〜と、あつこ三十六度二分、ともこ三十六度五分。ひなこ三十六度八分、ハイ、みんなＯＫ！」。娘たちは、うれしそうにカードに体温を記入し、学校へ出かけていった。

かなり大きくなるまで、性能がいい「お母さんの手温計」を信じていた娘たち。純粋に「お母さんの手ってスゴイ！」と思っていたというから罪深い。

ウソがバレたと知ったのは、あるとき私が風邪で寝込んでいた朝のこと。娘たちはそれぞれ自分の額に手を当てて、適当に数字を書き込んでいるではないか。「これはヤバイ！　バレてる！」と。

でも「お母さんの手温計」は、ただの体温計ではないことも知っているはず。娘たちの肌を感じ、顔色や心の色をちゃんと読む。しかもその瞬間、「今日一日、楽しく元気に過ごせるように」と、母力パワーをたっぷり注入。さらに子どもが不安だったり、落ち込んだりしているときには、「大丈夫だよ」と、手から安心パワーを送るのだ。

いつの頃からか、子どもたちは「お母さんの手温計」を必要としなくなった。最後に娘たちの額に手を当てたのは、いつのことだろう。

私は今、もてあましたこの手で、私が、娘たちにできることは何だろうと考えている。ただ、両手を合わせて祈るだけでは寂しい。体が動く限りは、鍬（ペン）を持って土を耕し、種を蒔き、娘たちが笑顔になる花を咲かせたい。

（二〇〇八年七月号）

心が騒ぐ出会い

仕事を通じていろいろな人と出会う。

これまでも、人生が変わるほどの出会いが幾度かあった。共通点は、「本気」で生きていること。なぜか、そういう人たちに心が騒ぐ。

本気の人は、誰より美しく、誰より孤独である。群がることをしない。ただ信念を持ち、じっと一点を見つめている。

数年前に出会ったある人は、「本当の仲間なんて、一人もいない」と言った。当時の私は、その言葉に納得がいかなかったが、今なら少しわかる。まだまだ本気の域に達していない私は、ともすれば、その意味の深さに溺れてしまいそうになるが。

「こちらの本気を知ったら、みな怖気《おじけ》づいて逃げていく」。そう言って「ふっふっふっ」と笑うのは、愛知県岡崎市の産婦人科医・吉村正氏だ。

二万数千件のお産を経験する中で、お産の真髄を見た氏。お産は「神の領域」であり、そこに男が介入したことが、現代のお産の失敗なのだと。「私はお産に命をかけているから、真実がわかるんだよ」。どこまでも自然なお産にこだわり、自然に近づけば近づくほど、氏の顔は幸せに満ちていった。

男がそこまで感じているというのに、私は三人の子どもを出産しながら、自分の体でそれを感じられなかったことが、ただただ悔やしい。

あるお産のシーン。命がけでお産をする母親の傍らに、ちょこんと座っている吉村氏は、非力なひとりのお爺さん。「母親というのは神々しいもの。私は、ただ祈るだけ」と、感動の涙を流していた。その姿があまりにいとおしく、先日お会いしたときに、たまらず抱きついてしまった私。

全国から「お産を学びたい」と、吉村医院を訪れる医者は後を絶たないが、皆しっぽを巻いて逃げていくという。では大切なことを、どう伝えていくのかと、氏に質問した。

「真実は必ず伝わる」、ぽつりと答えた孤独な言葉に、心が騒いだ。

命を生み出す神聖な場が、金儲け主義になってしまっている現代のお産を、少なくとも母親にだけは感じてほしい。一人でも多くの女性たちに、本当のお産の意味を伝えなければ。なぜなら、心がこんなに騒いでいるのだから。

（二〇〇八年八月号）

お母さんの本性

「他人と過去は変えられないが、自分と未来は変えられる」という言葉があるが、「お母さん大学」に入学したお母さんたちが、どんどん変わっている。

母親がペンを持つだけで自分の中にアンテナが立ち、子育ての日々が変わることも、夢を描いて一歩踏み出したお母さんが、輝いていくこともわかる。

それにしても、お母さん大学のお母さんたちの変わり様は、ただ事ではない。あえていうなら「お母さんの本性」がニョキッと出てきた感じ。「お母さん大学に入って、子どもを叱らなくなった」という母親の言葉ににんまりするが、まだまだ序の口。

心の奥深く静かに潜む「お母さんの本性」に気づけば、もっとスゴイ。「お母さん大学は、お母さんを感じる場」と説明すると、ほとんどの人は「えっ？」と首を傾けるが、その言葉の意味を感じることこそ、大事なこと。

最近つくづく思うのは、ウェブの世界も現実の世界も同じ。むしろウェブの世界ほど、空気が見えるものはない。なぜなら、言葉（文字）しかない世界だから。まさに、本性が発揮される場である。

世間の常識で物事を考える人ほど、本性が出せない。自分の心より、他人の言葉に振り回される。が、本性を発揮するお母さんは、計算もなければ、嘘も上手もない。ただあるのは、行間から溢れてくる「お母さんのやさしさ」……。

お母さんの本性は、簡単には出てこない。生きていく中で死ぬほどの苦しみや悩みにぶつかったとき、時にはガツンと頭を叩かれ、またある時は仲間と喜びを分かち合い、響き合う中から、突然ニョキッと顔を出す。

その瞬間を見逃してはならない。自分にしかわからない、その感動の瞬間を。

お母さんのペルソナ（仮面）が剥がされ、自ら鉄の鎧《よろい》を脱ぎ、呪縛から解き放たれたお母さんたちが、美しく輝いていく。

変わりたい、けれど、変われないと思っているお母さん。「お母さんの本性」は、特別な人にあるのではなく、すべてのお母さんに、平等に与えられている。


（二〇〇八年九月号）

少子化対策こそ、オババの出番！

「日本の少子化のカギは子育てにある」と「お母さん大学」説。つまり、十年後、二十年後、今の子どもたちがどんな大人になるかが、日本の未来に関係するという意味だが、それを実現させるために、さらに不可欠なものがあった。それは「おばあさん」

の存在。

人間の女性には、メスの動物と違って閉経という現象がある。出産能力がなくなった女性が生き続けるというのは、他の動物にはほとんど見られない。大概の動物は、生殖年齢を過ぎれば静かに死を迎えるという。

現在、日本女性の平均寿命が八十五・九歳だとすれば、女性たちは、なんと、閉経後三十年以上も生きることになる。なぜ人間の女性だけがそのように進化したのかを、人類学的に考察したのが「おばあさん仮説」だ。

どんな仮説かというと、女性が自らの繁殖活動から解放されたあと、その知恵と経験を生かして、娘の出産や育児を助け、孫の世話や教育をすることが集団（社会）の利益につながるという（参考『ヒト、この不思議な生き物はどこから来たのか』長谷川眞理子著）。

確かに生物学的に考えると、能力というものは、必要なものは進化し、不要なものは退化する。だとしたら、「おばあさん仮説」は一理ある。少子化対策には「おばあさん力」が必要だ。いよいよ私たちオババの出番！

実はこの『月刊お母さん業界新聞』も、娘の流産がきっかけで、そこに私の閉経期が重なり、誕生したという経緯がある。単なる偶然とは思えない。

「もう一度、子育てなんて……」と思っているオババの皆様、どうやら、未来をつくる子どもたちを産み育てる、お母さんたちを助けることが、私たちの使命？「おばあさん仮説」を正しいとすれば、それが人間として生かされている意味。言い換えれば、長生きの条件ともいえる。

老後は海外旅行にカルチャーセンター、ヨン様も悪くはないが、死ぬまでに「女」としての使命を全うできたら、あの世で幸せな暮らしが待っている。

さて私、オババも、お母さんたちを笑顔にするために、せっせとこの新聞をつくれば、長生きできるかもしれない。

（二〇〇八年十月号）

誕生日は母を思う日

誕生日は、私たちがこの世に「生」を受けた日。それは、自分を産んでくれた母の苦悩と悦びの日だ。とてつもない不安と苦しみの中で産み出される「小さな命」。何億分の一の確率で誕生する命は、まさに奇跡の塊だ。

『月刊お母さん業界新聞』に掲載中の「誕生日に母を語る」。誕生日に自分を産んでくれた母を思い、感謝しようという企画だ。多くの母親たちが母を思うきっかけとし、改めて子育てを考えたり、自分の存在の意味を考えたり。

が、母への思いは、いいことばかりとは限らない。自分を産んでくれた母に感謝できないという声も少なくない。中には母親を恨み、自分の誕生さえ認めない人もいる。ずっと母親との確執に悩みながら、母とは何かという問いに、もがき続けている。

私には、どこからかわからない囁きが聞こえてくる。「だからこそ、母を思うのだ」

と。

母と子。現代の医学では解明できないほどの「魂の作業」が繰り広げられ、十月十日《とつきとおか》という短い時間の中で形づくられる、実に不思議な関係。一つの生命体がつくられていくその過程に生命の神秘を感じたら、自分が今、ここに生きていること自体が奇跡であり、神の仕業以外の何物でもないと確信する。

母と子は、見えない糸でしっかりとつながっている。たとえ臍の緒が切れても切れない、そのつながり。母との間にある溝を、埋められないまま生きている人。その溝が深ければ深いほど、母とのつながりは深いのかもしれない。

私の母は、二十年も前に他界した。生きている母から学んだことは何もなかった（と思っていた）。しかし、亡くなってからというもの、事あるごとに、さまざまなことを、母は私に教えてくれる。何をどう判断し、どっちの道を選ぶのか。無意識の私の選択の中に、いつだって母は生きている。

そしてそればかりか、私が祈っているときには必ず、後ろに母を感じるのだ。時には「大丈夫よ」という母の囁きさえもはっきりと。

母は、死んでからも、永遠に私を守ってくれている。せめて誕生日には、私を産んでくれた母を思い、花を飾ろう。母が大好きだった花を……。

（二〇〇八年十一月号）

冬の風、ゆらゆらと母の祈り

ベランダに白い影。冬の冷たい風の中で、ゆらゆら笑顔で揺れている。それは、まもなく生まれ来る孫の新生児服。手を通す日を思い描き、手洗いで洗濯した。

風に揺れる小さな服を眺めながら、ついニヤニヤ。北風に負けない元気な子。今、母親（娘）のお腹の中で、何を考えているのだろう。「外は寒いし、うるさいし、なんかややこしそう。お母さんのお腹の中が一番！　ずっとここにいたいなぁ」と、そんな声が聞こえてきそう。

先日、熊本を訪れた際、「こうのとりのゆりかご」（赤ちゃんポスト）を設置する慈恵病院を取材。田尻由貴子看護部長に話を聞いた。殺害や中絶、「望まれない子ども」というだけで、大人の手で消されていく「命」の数の多さに、心が痛んだ。

ずいぶん昔の話だが、亡くなった私の母は、一度だけ子どもを堕ろしたことがあった。当時子どもだった私は、その意味がよくわからず、母の「産めないから」という言葉しか覚えていない。

「出生前診断」（羊水検査、絨毛検査など）とは、狭義で胎児の異常の有無を判定するための検査および診断のこと。今は医学の発達とともに検査の精度が高まり、比較的高い確率で胎児の異常を発見できるという。だが、このようなことで、母親は、産む産まないの選択をしてもいいのだろうか。

何億分の一の確率で誕生する命。線々たる命のリレーによってすべての命があると考えたら、望まれると望まれないとにかかわらず、大切な命であることに変わりはない。ならばその命を守ることこそ、人間としての定めではないか。「子は宝」という認識がないどころか、「お金がすべて」という恨めしい世の中。

生まれない命もあるというならせめて、生まれる命を大切に。それこそ、私たち大人が次世代に伝えていくべきことではないだろうか。

小さな命は十月十日《とつきとおか》、一生懸命に生きる姿を伝えている。目には見えないが、ちゃんと生きている！　叫んでいる！　その声が聞こえるのは、お母さんだけ。今からでも遅くない。気づいた人から伝えていこう、子育ての素晴らしさを。

小さな命は、この冬もちゃんと生きている。

（二〇〇八年十二月号）

お母さんの本当の笑顔

十年ほど前に、ＴＢＳテレビ「ニュース23」の特集「女シリーズ」で紹介されたことがある。もともとテレビに出るのが苦手な私。視聴率が高い番組に出してもらえたことに感謝はしたが、録画したＶＴＲはそっと闇に葬り去っていた（笑）。

が、先日それを見たいという人がいて、古いビデオを引っ張り出してきた。見て、笑った。「若っ！」と自分の顔に吹き出したが、もっと笑えたのは、十年前も「お母さんが笑顔になる社会を」と熱く語っていた私。性懲りもなく、十年経った今もまだ、同じことを言っている。

番組では「お母さんたちがここまで（仕事？・活動？・を）やるか!?」という一点がポイントだったようで、裏を返せば、「会社」として認められていなかったということ。でも、すごい反響だった。

企業としては、ゼロ成長（笑）。十年後の今も、貧乏新聞社である。一瞬、空しくもなるが、一つだけ大きな違いがある。それは、「お母さんの笑顔」。当時、私がお母さんたちに伝えたかった「お母さんの笑顔」と、今のそれとは、天と地ほどの違いがある。

当時から、出会った母親一人ひとりに「あなたの夢は何ですか？」と尋ねていた。すると、「子どもの将来は考えても、自分のことなんて全く考えたことがありません」「子育て真っ最中の私が、夢を描いてもいいんですか？」……と母親たち。窮屈で大変な子育ての日々に、悶々としている母親たちにとっては衝撃的な質問だった。

これを機に、多くの母親たちが「子育ての枠」から一歩踏み出した。そして、それぞれの夢を描き、笑顔になった。

が、十年後の今、「お母さんの笑顔」は、私の中でさらに深く、心の底から湧き出るほどの笑顔へと進化した。二十年間こだわり続け、ようやく出会った新しい価値＝本当のお母さんの笑顔の意味。

今、子育て中の母親たちが、そのことに気づいたら、どんなに子育てが苦しくても、きっと乗り越えられる。そして、母である自分を、心から誇りに思えるだろう。

私も実は、「お母さん大学」では一年生。母であることをもっと学びたいし、感じたい。だからお母さん大学の一番の先生は、子育て真っ最中の笑顔のお母さんたち。

未来をつくるのは「お母さん」。偉大なる母の笑顔は、女神のように美しい。今、その美しさが腐敗した日本を変えるに違いない。

（二〇〇九年二月号）

故郷を色づける母

文豪・水上勉は、貧困の家庭に生まれた。四歳まで盲目の祖母の背中で世の不条理を知り、九歳で口減らしのために京都の寺に出された。

福井県若狭の小さな村。二月半ばの大雪の日、迎えに来た和尚さんに連れられて行く息子に向かい、母はホームの片隅で、ぺこりとお辞儀をした。世話になる人にではなく、息子への詫びだったのだろうか。モノが豊かな時代に生きてきた私には、シーンは描けても、母子の心情はわからない。

その後、水上勉は、母を恨み、けれど母を思いながら、偉大な作家への道を歩むのだが、まさにその冬の日が、文豪・水上勉を誕生させた日といえるのかもしれない。

水上作品を語れるほどの私ではないが、どの作品にも母の匂いがして、たまらなく心が騒ぐ。

ある作品に書かれた故郷の話。「母親に逝かれてみて、急に故郷の山河が私をよび戻すのである。在世中は、いつでも、どこにいても、母なるひとは、故郷の家から私を見つめていた。ところが、故郷に母がもういなくなったということで、急に故郷は色づけを変えた」。

故郷の若狭へ帰ると、駅のホームから見える山の上にも、水平線の彼方にも、海岸にも母が出てくる。母が生きていたときには、全く感じなかったことだという。

小さく年老いた母は、死してなお、さらに大きくなってわが子を包む。やっぱりお母さんはスゴイ！　さらに水上氏は「私は、子供時代をふり返って、何一つ教訓などたれなかった貧乏な父と母のことを思い、ふたりは、いま千篇の書にまさることばをいっぱい残して死んだことに気づいている」とも書いた。

貧乏な暮らしを望む者などいない。しかし、豊かな時代に生きている私たちは、その豊かさゆえに、本当に大切なものが見えなくなってしまっている。いつの時代も子を思う母の気持ちは変わらないはず。だが今の社会を見ると、何かが違うと思わざるを得ない。

それにしても、母とはいいものだ。死んでからも、故郷となって子どもを包むことができるなんて。子育ては、決して楽な道じゃない。だからこそ、子どもたちの心にずっと、母は生きる。

私もいつか、娘たちの故郷になれるのだろうか。

（二〇〇九年三月号）

母が遺してくれたもの

本紙でも連載中の名物コーナー「誕生日に母を語る」という企画。誕生日は年に一度、自分を産んでくれた「お母さん」を思う日。

私の母は五十三歳でこの世を去った。早過ぎる母の死。私は、今日（三月二十一日）、その歳を迎えた。私は、母と一緒に暮らしたことがない。母の面影はというと、いつも微笑んでいる美しい人……。

母の思い出は、数えるほどしかない。今でも忘れられないのは、母のお弁当。いつも祖母が私のお弁当をつくってくれていたが、ある日、母が私のためにお弁当をつくるという。子どもながらうれしくて、心が躍った。しかし、その夢は一瞬にして壊れた。

母がつくったお弁当は普通ではなかった。二段重ねの重箱にボイルした有頭えび、数の子、ビーフステーキ。まるでおせち料理のようなそれは、確かに私が好きなものばかり。本当はごちそうを喜んでいいはずなのに、私はただただ恥ずかしかった。もちろん味も覚えていない。友だちが持ってくる普通のお弁当が羨ましかった。

母が私に遺してくれたものは何もない。ずっとそう思っていたが、そうではないことに、この歳になってやっと気づいた。母が私に「母」とは何かを教えてくれなかったおかげで、私は今、誰より「母」にこだわり、誰より「母」を感じたいと思っている。唯一、私に遺してくれたものが、「お母さん」というテーマだったなんて。

母を思う。それは、決して、うれしいことや楽しいことばかりではない。中には母を恨んだり憎んだりする人も多い。が、どんな母であれ、母は子に、何かを遺してくれている。母からのメッセージをどう引き継ぐかが、未来へつながるカギになる。

母はきっと、私に母の分まで、「母」を感じてほしいと、空の上から私を見守っている。いや、娘としては、私のことなど忘れて、新しい世界でしっかり楽しんでくれていたらと思う。

お母さん、ありがとう！　あなたが私に与えてくれた偉大なるテーマ「お母さん」がある限り、私の残りの人生は、憂いに満ちた日々になりそうです。

さて、今年の「誕生日に母を語る」の宿題レポートを終えた。来年の誕生日には、また違う「母」を感じることができるだろう。私が生きている限り、母は、いつも私の心の中で生き続けるだろう。偉大なるお母さん。

（二〇〇九年四月号）

心でつながる母と子

あるときスーパーで、一枚のポスターが私に語りかけた。それは、行方不明になった野村香ちゃん。当時八歳だった香ちゃんが、自宅から近くの書道教室に向かったまま姿を消したのは、一九九一年十月一日のこと。

すでに九年が経過し、事件は風化されようとしていた。当時つくっていた新聞の表紙に、香ちゃんの写真を大きく掲載。「香ちゃんを捜して！」と、全国の仲間と配り呼びかけた。

香ちゃんの母・郁子さんに会いに行ったとき、質問を用意していたにもかかわらず、ほとんど言葉にならなかったことを覚えている。目の前にいる一人の母親の悲しみは、どれほどのものか。「あの日以来、笑うことさえいけないことだと思えて……」そう語った郁子さんの言葉が忘れられない。

あれから八年。私にできることは、今も新聞の片隅に「香ちゃんを捜して！」と入れることだけ。『お母さん業界新聞』を購読してくれている郁子さん。子育ての喜びに溢れるこの新聞を手にし、何をどう感じているのだろうか。香ちゃんが行方不明になってから十七年が過ぎた。この間、郁子さんは、どれほど苦悩し、どれほど涙を流したことか。それでも、涙が枯れることはない。

「母の涙」とたとえられる海。郁子さんの涙は大海へ流れ、きっとどこかで香ちゃんは、その母なる海を見ているだろう。

今の日本の子育てを見ていると、母子の絆の希薄化に、不安を感じずにいられない。母親たちの多くが、子どもの心を感じられず、マニュアルや嘘っぽい情報に翻弄《ほんろう》されている。子育てに不安を感じている母親はまだいい。悩みながら母であることを感じ、その悩みに心して向き合うことが、母としての成長なのだと思う。

郁子さんと香ちゃんは、他者には入れない深いつながりの中で、互いを高め合いながら生きている。だが、香ちゃんを自分の手で抱くまで、郁子さんが、心から癒されることはないだろう。その日が一日でも早く訪れることを願いたい。

どんな小さなことでもかまいません。香ちゃんに関する情報をお持ちの方は、ご連絡ください。

（二〇〇九年五月号）

人生最後の子育て

この新聞をデザインしているスタッフKの父（八十八歳）が、先月から介護生活を送っている。末期がんだ。彼女とはもう十五年も一緒に仕事をしているが、入稿前は終電で帰宅、土日出勤も珍しくなく、ハードな生活だった。

が、これまで、Kの両親から、仕事に対しての愚痴や不満など一切言われたことがない。改めて考えると、こうして長い間新聞をつくり続けられたのも、支えてくれる家族があったからだと感謝の気持ちでいっぱいだ。

かつて、三浦市の商店街「三崎銀座」に、Kの祖父が営んでいた酒屋があった。その後Kの父は、米屋と履物屋を営んだが、三崎漁港の衰退とともに閉店。今や、商店街は半数以上の店がシャッターを閉めている。

お店を兼ねた自宅には、立派な酒蔵があり、屋根の中央には、家の守り神「鍾馗《しょうき》」があった。当時の様子は知らないが、不思議とそこに入ると、反映していた頃の躍動感が蘇ったような気がした。

昔は酒豪だったというKの父。「お父さん、蔵のお酒を飲みすぎて、店をつぶしたんでしょう?」と冗談を言うと、大笑い。「三崎の銀座小町といわれる奥様(Kの母)を、どうやって射止めたのですか?」と尋ねると、今度は照れ笑い。

ベッドの上でアルバムを開くと、セピア色の写真とともに、家族みんなの笑い声が響いた。目の前の一人の老人は、決して病人ではなく、激動の時代を生き抜いて来た勇士。人間としての凛々しさ、潔さに溢れ、思わず私は襟を正した。

生まれることの喜びや感動は、誰より理解しているつもりの私だが、「死」というものにも「感動」があることを知った。老人は、それを私に教えるために、そこにいたとも思えるような。

八十八年間の月日を生きてきた人間の物語には、どれほどの感動があるだろう。もっと話を聞きたい、聞かなければ。それが率直な感想だ。帰り際、「また来ますね」と言うと「お互いがんばりましょう!」と握手を求められた。か細い老人の手ではあるが、握りしめるその力には、人間の、生きるエネルギーが込められていた。

ますますの高齢社会。私たちは、彼らが生きた事実を、次世代に伝えていくことを忘れていないか。激動の時代を今日まで懸命に生きてきた人の言葉や教えには、どれほどの学びがあるだろう。

Kは今、父の介護に幸せを感じるという。親とは最後まで、愛する子のために、教示してくれるものなのだ。

(二〇〇九年六月号)

人としての仕事（次世代育成支援への提言）

今から十五年ほど前。子育てサークルがブームになった頃は、まだお母さんが子どもを預けることさえ後ろめたかった。

そんな中、「お母さん」が主役のイベントを企画。堂々と打ち出したのは、「託児付き」という言葉。だがマスコミを除き、周囲の反応は冷ややかなものだった。「他人に子どもを預けて、お母さんたちが好きなことをするなんて……」。

子育ては我慢の時期。私たちも昔は皆そうやってきたのだからと、理解者であってほしい先輩の母親たちが、一番の敵でもあった。二時間子どもと離れられない母親の苦しみは、当事者にしかわからないはずなのに。

今は誰もが少子化を嘆き、国は次々と金太郎飴状態の子育て支援策を打ち出している。子育てが大変な母親を救おうと至れり尽くせり。もちろん、託児付きセミナーは当たり前。施設には子どもたちが安心して遊べる遊具があり、母親同士の集える場も提供されている。

この十年、子育て支援の制度やシステムは充実したが、現実の子育て環境を見ると、「子育ては大変。お母さんは苦しい……」と相変わらずの声。虐待は減るどころか増加の一途。その延長戦上には、親に愛されずに育った子どもたちが、心を痛めながら生きている。

便利で豊かな時代。だが、隣近所に安心してわが子を預けられる場所（人）さえない。だからこそ、子育て環境をもっと充実しなければというのが大方の意見。だが、私はむしろ反対だ。余計な制度やシステムが母親たちを弱者にし、地域の人はますます子育てに無関心になっている。

子どもを預かるのに、保育士の資格が必要だとか、保険に入っていないとか、そんなレベルでしか物事を考えられないなんて。困ったときに、皆が助け合うのは当たり前。それが「子育ての文化」だ。人を喜こばせること、人に感謝する気持ちこそ、今の社会に必要なことではないか。

子どもは社会の宝！　昔の人の言葉は本当に素晴らしい。その「宝」を育てることが、美しい日本をつくる。だが現実は、豊かさの指針が経済（モノや金）を中心に成り立っている。心が貧しい日本人ばかり。

少子化の原因……？　国やデータが示す「経済的な問題」ではないはずだ。子どもが生み育まれる土壌がないのである。畑（地域）に出て土を耕し、種を蒔き、愛情を持って丁寧に、子どもたちを育てることが私たちの仕事だ。

（二〇〇九年七月号）

母郷に通じる海、不知火《しらぬい》

不思議な出会いだった。

水俣病が公式確認された年（昭和三十一年）に、私はこの世に生を受けた。生まれ育った町から、三時間ほどの距離にある小さな町で起きた事件。五十年以上も無関心だった私が、水俣という町に、この夏、初めて訪れた。

きっかけは、石牟礼道子著の『苦界浄土』という作品。日本の近代化がもたらした「負」の象徴である水俣病を、人間の魂を通じ文学作品として描いていた。私はそこに、なぜか包み込まれるような母の胎内を感じた。

水俣の本を少しばかり読みかじり、水俣の町を旅したからといって、真実などわかるはずもない。けれど、不知火の海に、自然と導かれる自分がいた。

胎児性水俣病。水俣病は、工場排水に含まれた毒物「有機水銀」が海に流れ、魚や貝を経由。つまり食物連鎖により起きた病気である。

医学的には「胎盤は毒物を通さない」が通説だったが、水俣病は、それを完全に翻した。胎児は、母が食べた毒物を母の体に宿らせず、自らの体で吸収したというわけだ。大好きな母を、子が守ったのか。

生まれながらに、水俣病の子どもたちは一歩も歩くことができず、母に抱かれたまま死にいくか、水子として流れていった。

日本は豊かな経済国となったが、人が人として生きることができない社会が、本当に豊かといえるのだろうか。国は少子化を緊急課題としながら、子どもを産み育てる母親の体と心を、どれだけ守っているだろうか。たとえば今、流産の割合や原因について、どこまで明確に調査されているのか。とても無関心ではいられない。

今は埋め立て地となった、水俣湾入口の明神崎に建つ水俣市立水俣病資料館でのこと。同行した四歳の孫が、「早く帰ろう」と落ち着かない。明らかにいつもと様子が違う。そしてこう言った。「ねえ、ここにいると、涙がなくなっちゃうよ」と。字も読めない孫の心に、水俣の人たちの魂の叫びが届いたのか。そしてさらに、帰る日には娘が突然、「ねえ、もう一泊できないかな。もう少し、この町にいたいな」と呟いた。

あれから五十年。水俣の海は今、どの海よりも美しく、そこに住む人々は、誰よりやさしく感じた。水俣には、母を感じる何かがある。海は母の涙……。水俣の人々の涙が、この海を浄化したのかもしれない。

その日、不知火湾の夕陽に続く一本の道がぼんやり見えた。

（二〇〇九年八月号）

親亀の背中に子亀を乗せて

二十年前、一枚の小さな新聞をつくった。子育て真っ最中のときだった。編集の知識もなければ、文章も書けない私が新聞づくりに挑戦。当時ワープロで文章を入力し、一つひとつの記事をハサミで切って、ノリでペタペタ版下づくり。

不器用な私が新聞をつくるというと、近所の友だちが見かねて集まってきた。完成したときは、足の踏み場がないほど部屋中紙切れだらけだった。幼い三人の娘たちは、夢中で新聞をつくる私を見て、何を思っただろう。それから今日まで、休むことなく新聞をつくり続けている。

昨年（二〇〇八年）、この『お母さん業界新聞』を創刊した。溢れるほどの情報社会の中で、「お母さんの心」を伝える新聞なんて、売れるわけがない。だが、売れる、売れないではなく、必要だと思うからつくる。

お得なクーポンもなければマニュアル型の情報もない、あるのは「お母さんの心」だけ。中にはそれがわからない、そんなものはいらないという人もいる。それでもつくるのは、「お母さんの心」が、どれほど素晴らしいかを知ったからだ。

創刊号が完成したとき、まるでわが子を出産したかのような感動があった。でもその感動は、二十年前の、あの小さな新聞の誕生がなければ、あり得なかったこと。

この秋、全国各地で、『お母さん業界新聞』地域版が元気な産声を上げる。地域が消えつつある今、活動は、決して容易ではないだろう。それでも「お母さんたちを笑顔にしたい」と、勇気ある母親たちが手を挙げた。お母さんが十人いたら、十通りの小さな新聞（子）が誕生する。

それはまさに、子育てと同じ。やんちゃな子、怠け者の子、走りすぎる子、わがままな子、勇気のない子、目立ちすぎる子、どんな子どもたちになるのか……。

親である『お母さん業界新聞』も、二年目の新米お母さん。子どもから多くを学び、子どもと一緒に汗をかきながら、成長していくだろう。途中、挫折する子がいるかもしれない。でも、じっとしていたら何も始まらない。出会いもなければ、感動もない。

行動する勇気を、子どもたちに伝えたい。「親亀こけたら、皆こけた♪」になるおそれも…。だが、「親がダメだと子が育つ」ともいうから、私流でいこう。

私がみんなに伝えられるのはただ一つ。「お母さんはスゴイ！」ということ。つくればわかる。行動すればわかる。机やウェブでは、土や木の匂いはわからない。

学びの秋。新しい出会いに、心ときめかせている親亀の私である。


（二〇〇九年九月号）

超売れっ子の子育て支援

自民党から民主党への政権交代で、ますます「子育て支援」に注目が集まり、「超売れっ子」の様相を見せている。

最近は子ども産業にまで「子育て支援」の冠が付き、テーマパークもおもちゃ屋さんもみんな「子育て支援事業」などというから、いったい何がなんだか、さっぱりわからない。

子育てにやさしいホテル、子育てにやさしいレストラン、子育てにやさしいタクシー……。やさしくされるのはうれしいが、お客さんである子どもや母親に親切にするのは、商売としても、人間としても当たり前のこと。

最近では、大手スーパーが「子育て支援弁当」を売り出した。アレルギー表示や健康バランスを考慮した商品で、値段もお得というからありがたいことではあるが、考えたら、それも当たり前。

これ見よがしに「子育て支援」をうたわれると、なぜか本来の大切なことが、わからなくなってしまいそうな気がするのは、私だけだろうか。

さらに困るのは、子育て支援を受ける側の母親たちの意識である。親子の施設は無料で、子連れイベントなら保育付き。やってもらうのが当たり前だから、そこには感謝の気持ちもない。

先日、私の講演会での出来事だ。子どもを預ける母親たちは時間ギリギリに来て、子どもをぽいっと保育室に置き、「お願いします」もなければ、お迎え時に「ありがとうございました」の言葉もなかった。

また別の講演会で、ある母親は「子どものアレルギーの有無を聞かれなかった」と、託児者の意識が足りないことを指摘した。

自分の子どもにアレルギーの問題があるなら、あなたから伝えるべきだと、私はその母親を叱った。母親は、預かる側の責任と思っているが、二時間も、子どもを無料で預かってくれることに、感謝こそすれ、不満など言えるはずもない。

世の中がどんどんおかしくなっている。便利で豊かな上に、これ以上のサービスって何だろう？　本当のサポートとは、もっと別の次元にあるはず。だから、根本の「少子化問題」をストップさせるに至らない子育て支援策ばかりかと、言いたくもなる。

若い母親に「子育てをしているあなたにとって、一番必要なものは何ですか？」と尋ねると、彼女はちょっと考えてからぽつりと答えた。「心のよりどころ」と。

日本中の子育て支援をしたい皆さん、もう一度、企画をご検討ください。

（二〇〇九年十月号）

幸せの価値観

ゴロちゃんが虫になった。ゴロちゃんとは、「みつばちマーヤの冒険」や「ファーブル昆虫記」を描いた細密画家の熊田千佳慕さん。本名を熊田五郎という。過日、九十八歳で天国に旅立たれた。

生前、雑誌の取材で対談させていただいたことがある。

小さい頃、ゴロちゃんは病弱で、十歳まで生きられないといわれていた。外出は許されず、一日中庭で虫を見たり、家の中で絵を描いたりして過ごしていたから、虫や草花が友だちだった。

その後、奇跡的に快復し、ある日、幼稚園での出来事。庭の藤棚にクマンバチが飛んできた。ゴロちゃんは黄色いハチの背中の、あのビロードのような毛に触りたくて触りたくて。

それを見ていた先生は止めようともせず、じっとゴロちゃんを見守り、ゴロちゃんがハチの背中を触った瞬間「よかったね」と一緒に喜んでくれた。ゴロちゃんが小さな指先で、初めて「命」を感じた瞬間だった。

「その感触は、九十歳を過ぎた今でも鮮明に残っている」と語った熊田さん。それは、偉大な画家になる瞬間だったのかもしれない。

熊田さんは、どんなに生活が苦しくても、自分の描いた絵を売ろうとはしなかった。なぜなら、それは「神様へのレポート」だからと。

生涯を通じてビンボー暮らし（自称）だったが、お金より大切なものがあることを知った人間にとって、ビンボーは決して苦ではなく、その環境があってこそ、熊田ワールドと呼ぶ作品が次々と誕生した。

人はそれぞれ、幸せの価値観が違う。お金があれば幸せな人、名誉があれば幸せな人もいる。親は子に、少しでもいい暮らし、いい教育をと願うだろう。

だが、熊田流「幸せの価値観」は、少し違っていた。

人生最後の仕事として「お母さんとは何か？」というテーマにぶつかった私には、熊田さんの「幸せの価値観」がほんの少しわかるような気がする。

けれども幼い孫たちに、ゴロちゃんが体験したような、人間形成に影響を及ぼすほど素晴らしい機会を与えたいと願う私も、まだまだ欲深い。

クマンバチを触ろうとする子どもを黙って見守るには、もう少し修業が必要だ。そのために私は、新聞をつくらせてもらっているのかも。

熊田さんが大切にしていた「足るを知る」という言葉。私たち母親は、わが子の笑顔さえあれば、幸せではないのか。無心（ピュア）になればなるほど、お母さんの心は大きくなる。


（二〇〇九年十一月号）

落ちこぼれの母親

八面六臂《はちめんろっぴ》――読み方も書き方も難しいが、この意味は、「仏像などで、八つの顔と六本の腕を持っていること。多才で、一人で何人分もの活躍をするたとえ」。

私流にいうと、「お母さん」は、母として、妻として、女性として、さらに一人の人間として、さまざまな顔を持ち、八面六臂の活躍をしているのだと。

このコラムを書き始めたのは、一九九九年。かれこれ十年になる。実は来年一月に「八面六臂」が一冊の本になることが決まり、先日、十年間に書きためた一〇〇本を越すコラムを読み返した。

この間、媒体は旧『お母さん業界新聞』から『リブライフ』へ。そして本紙・新『お母さん業界新聞』へと変遷。三つの媒体の中で「八面六臂」は生き続けてきたのだが、恥ずかしくもおかしいほど自らを露呈している。改めて読めば、藤本裕子がまる裸、汗顔の至りである。

インドの教えに、人の一生を四つに区切って考える、四住期というのがある。一、学生期(勉学に励む)。二、家住期(家庭を営み子孫を残す義務をつとめる)。三、林住期(家を捨て道を求めて苦行につとめる)。四、遊行期(遊行して信を人に伝えながら生を終わる)『林遊より』。

本来なら、私はもう遊行期に入っていてもいい歳だが、まだ、信を人に伝えるには勉学が足りないのか、わが人生すごろくは、今一度「お母さんを学べ」と振り出しに戻された。まさに、落ちこぼれの母親だ。

しかたない。もう一度原点に立ち返り、学生期を楽しもう。それが私の「お母さん大学」なのかもしれない。

来春、三年目を迎える「お母さん大学」。落ちこぼれの母学生として「本気で学ぶ年」にしたい。

ちなみに、十年分のコラム八面六臂の本のタイトルは、『百万母力』（論創社）。百万人のお母さんが笑顔になれば、世の中は変わるだろうという意味を込めてつけたのだが、論創社の森下紀夫社長は、百万部売れると勘違いしているようだ（笑）。

百万母力……一人ひとりのお母さんの力は小さくても、みんなの心がひとつになれば世の中だって変えられる。そう、百万人の「落ちこぼれお母さん」が、未来をつくるのだ。

あなたも「お母さん大学」の同級生になりませんか。

（二〇〇九年十二月号）

第二章　『リブライフ』

（二〇〇四年三月号〜〇八年三月号）

母親が新しい価値と出会う日

『リブライフ』を発行して、八号を迎える。

まだまだ「生きる」というテーマを伝えきれていないが、かつての『お母さん業界新聞』ではわからなかったことが、少しずつ見えてきた。これまで「価値観の違い」「価値観の多様化」などと、さもわかったかのように表現してきたことが、とても恥ずかしい。

何もわかっていなかった……。自分の中にある価値観が、自分の価値観ではなく、社会の中で都合よくつくられた価値観だったことに、今やっと、気づき始めた。

教育も、いったい「何のため」「誰のため」の教育なのか。本当に心から子どものために考えられた教育であれば、子どもたちは、もっと幸せなはずなのに。「子育て支援」もしかり。母親たちの心の叫びを無視して、素晴らしい子育て支援といっても母親たちには届かない。子育て支援に関わる人の都合が優先されている。

不透明な社会の中に存在するご都合主義の価値観……。気づいていないのか、気づきたくないのか。ほとんどの人が、世の中にあるおかしな価値観を直視しない。そのまま一生を終えるほうが幸せなのかもしれない。ただ、気づいた人間はどうする？　黙ってその価値観に迎合するだけなんて、あまりに悲し過ぎる。

このままでは、子育て社会に未来はない。だからこそ、私は母親の力のすごさを信じたい。それは、自身を信じることにもつながるから。

今までの子育て情報は、社会にあるつくられた価値観の中で発信してきたものに過ぎなかった。『お母さん業界新聞』に限界を感じたのは、そこにあるのかもしれない。

子育てのステージから人間のステージに広げる中で見えてきたもの。それは、「新しい価値」。そして、その「新しい価値」は、自分たちでつくるものだということ。

子どもを守る母親であれば、子どもの笑顔を描いて、「新しい価値」をつくることができる。子どもたちの社会に何が必要かを、一人ひとりの母親たちが考え、行動すれば、必ず見つかるはずだ。

その日と出会うために、今ある価値観、今ある常識の中で行動するのではなく、自分の心にある「新しい価値」を信じて子育てをしよう。母親だからこそ、きっとわかる。春、新しい風をしっかり感じてください。

（二〇〇四年三月号）

子育ては感じるもの

ある読者から「夢は何ですかと聞かれて、苦しくなってしまう母親の気持ちがわかりますか？」と、批判の声があった。彼女自身が、当事者なのかはわからない。

十年以上も母親たちに夢を聞き、いろいろな場面を見てきた。夢を聞かれて不安になる人だけではない。他人が夢を語る姿を見て「自分はあんな風に夢を語れない」と落ち込む人。反対に、夢を語る人を見て「私もがんばろう！」と思う人。同じ夢に感動して手を取り合う人。

「夢」というテーマをひとつ投げかけただけで、その空間には、何かが起こる。相手がどうとるか、どう感じるかは、私にもわからない。確かに、夢を聞かれてうれしい人もいれば、苦しい人もいるだろう。でも何より大切なのは、夢を描くことを忘れた人に、自分も夢を描けるんだということを思い出してもらうこと。

世の中には、母親たちだけでなく、弱過ぎる人間ばかり。今まで本気で生きてきたことがないから、命の大切さも感じない。つい最近まで、私もそのひとりだった。夢を聞かれて苦しいなら、子育てなんてできない。生きていけない。母親として、子どもの命を守ることもできない。

母親になることを選んだのなら、まずは、弱い自分に向き合おう。本当の苦しみは、そんなところにはない。子育てという長いドラマは、まだスタートしたばかり。子育てほど苦しくて辛い、そして楽しいドラマはない。

母親に与えられた神様からのギフト。

ひとりの人間としてどう生きるか……。子育ては、それを考える手段のひとつかもしれない。夢なんてどうでもいい。夢にぶら下がるのではなく、本当の自分に出会うために、夢を描く。だから、苦しいと感じることも大事。

その苦しさから逃げないで、向かっていこう。それが子育てだと思うから。

（二〇〇四年四月号）

自分の居場所はどこ?

目に見える数字だけで、全国に十三万人もいる不登校の子どもたち。そのためのスペースが全国各所に誕生している。フリースクールという名もあれば、○○塾というものもある。

ある所は、パソコンとゲームを置いただけの部屋。それに興じる子どもと、交替でサポートをするボランティアと話す数人の子どもたち。プログラムひとつないこの場所が、子どもたちにとっては「自分の居場所」。何もない所で、子どもたちは時を過ごす。それでも学校よりは、はるかに居心地がいい。

学校という場で、自分の居場所を見つけられない多くの子どもたち。子どもたちが行けない、行きたいと思えない学校って、いったい何だろう。

子育てをしている母親も、また同じ。自分の居場所が見つけられないまま、「子育て」という枠にがんじがらめになって、親子で苦しんでいる人がいる。深刻化する虐待問題の、解決の糸口も見つからない。自分の居場所は、どこにあるのだろう……。

ある本にあった「不登校の子どもを学校に戻すのではなく、人間に戻そう」という言葉に、ハッとした。子どもを「人間」に戻す……母親を「人間」に戻す……今の教育に足りないもの。

今の子育て社会に足りないものは何？　一人ひとりが、真剣に考えるべき時が来ている。なぜなら、苦しんだり悲しんだりするのは、いつも弱い立場の子どもたち。本来なら守るべき存在なのに。

人間になれる場所ってどこ？　そこが、本当の自分の居場所かもしれない。

（二〇〇四年五月号）

子どもたちの笑顔、それだけでいい

先日、「日本の次世代リーダーを育てる」という企画があった。応募してきた子どもたちの中から、数名を選ぶための審査を担当した。

一次審査は書類選考で、応募動機や活動内容、「感動体験」をテーマにした作文が並べられた。有名私立校や進学校に通う子どもたち。どれも素晴らしい内容で、甲乙つけがたい。

中には、競争社会を生きる子どもらしく、勝つためのテクニックも見え隠れする。ここから日本を代表する次世代のリーダーが生まれるのかと思うと、真剣になる。

さて、どんなにすごい形相の子が来るのかと構えていた二次の面接。

現われた子どもたちの顔を見ると、みんなどこかに、あどけなさを残していてホッとした。面接では、さすが「日本のリーダーのたまご」らしく、北朝鮮問題、イラク問題、小泉首相……と、世界をステージに、達者な理論を展開する。親や校長からのすすめで参加しているのだろう。

面接の途中、国際情勢も能弁な子どもに、「ところで、あなたの地域のリーダーは誰だと思いますか？」と尋ねた。が、質問したことを後悔した。世界を語れても、自分の地域は語れない。わずか数秒の沈黙だったが、苦しかった。子どもを困らせる気はなかったのに。

次世代のリーダーとなる子を選べといったって、子どもを点数なんかで計れない。選べるはずがない。今、生きている子どもたちは、どの子もみな日本のリーダーだ。空しさを感じながら帰路についた。ただただ疲れた。

私はあの子たちに、ひとりの大人として何を伝えられるのだろう。大人として、人としてできることって何だろう。考えるとキリがなく、とても長い一日だった。あの子たちの笑顔だけが心に残っている。

（二〇〇四年六月号）

『リブライフ』

子どもの気持ちがわからない

子どもによる凶悪な事件が起きると決まって、親や周りの大人たちがいう台詞《せりふ》。先日、長崎で起こった小六女児殺害事件。すでに犯人の精神鑑定が始まっている。でも、専門家がそれをして、いったい何をどう鑑定するのか。

マスコミではおなじみの評論家たちが、すべてを知ったかのように子どもの気持ちを話すが、そのとき、その子が何を思い、何を感じていたのか。十三歳の少女が罪を犯す真意は、誰にもわからない。

事件が起きるたびに、親たちは、自分の子でなくてよかった、と思う。しかし今、起きていることは、いつ自分の子に起こるか、また、自分の子が起こすかもわからない。もう、他人事では済まされないところまできている。親だから、先生だから、専門家だからと、子どもの気持ちがわかるはずがない。

子育てって何だろう？　親って何だろう？　人間って何だろう？　生きているのに、生きていない私たち。何かが違う。何かが足りない。私たちは今、生きていく中で、一番大切なことを忘れてしまっているのかもしれない。ひとりの人間であることを感じていない私たち大人が、次の時代に生きる子どもたちに、何を伝えられるのか。

私が『リブライフ』をつくる理由……。子どもの気持ちがわからないなんて、悔やんでいる暇はない。自立した人間になるのが先決だ。

そして私が、ひとりの親としてできること。それは、自分らしく、人間らしく生きること。『リブライフ』一周年。人間一年生だ。まだまだ人間じゃない。先は長いけれど、ライオンの親には、負けられない。

（二〇〇四年七月号）

『リブライフ』

子どもをリスペクト（大事に）する

「子どもがものすごく好き」、イラストレーターのよこやまゆみは言う。どこにもあるフツーの言葉なのに、なぜかその一言が心に深く響く。そして、彼女の叫び声にも聞こえる。

彼女の声のトーン、しゃべり方、目の輝き、しぐさ、息づかい。そんな部分的なことじゃない。彼女と子どもの距離は、「フレキシブル」「ファジー」なんて、都合のいい言葉では表現できない、ビミョーな関係。すごく近かったり、遠かったり、時にはひとつだったり。

「子どものらくがき」を一つひとつ指でなぞる。すると、なぜか子どもの気持ちがわかるという彼女。子どものらくがきを見つけたら、「この絵、ちょうだい」「ちょっとだけ貸してね」と、心を込めてお願いする。とにかく子どもの絵が、いとおしくてたまらないという。

「子どものらくがきは、子どものつぶやき」。子どもの絵を見ながら話す彼女は、まるで世界中の子どもたちとつるんでいる「母親ボス」みたい。同じ母親として、そんな彼女がうらやましい。

彼女の中に、本当の母親（女神）の姿が見えた。いつからだろう。世の中に「人間」

がいなくなったのは……。毎日どこかで誰か（人間）を、自然を、子どもたちを、傷つけている化け物ばかり。今の教育も、子育ても、おかしいと気づきながら、何もしない大人たち。

「みんなスクラップにしてしまうぞ」と、母親ボス。彼女が子どものらくがきを指でなぞるように、子どもを丁寧に育てたら、きっと何かが変わるはず。もう大人になろうとする三人の娘を前に、「子どもたちのらくがきを見つけたい」と、足掻《あが》く私。

今からでも遅くない。すべての母親が女神（人間）になるために、がんばって伝えたい。子育ては、生きることと同じくらい大事なもの。一つひとつ、丁寧に子育てしよう。一つひとつ、丁寧に生きようと。

それこそが、今、私にできる娘たちへのリスペクト。

（二〇〇四年八月号）

『リブライフ』

夏の終わり

――夏休みのためか、お母さんと子どもの姿をよく見かける。日焼けした子どもを連れたお母さんたちは実に頼もしく、また眩しく、その姿にじっと見入ってしまう。化粧はしていなくても、子どもに頼られている女性の姿は最高の「美」である。

ここまで、そしてこれからの子どもを育てるという苦労を考えると、本当に「ありがとう」「ご苦労さま」と言いたい。

そして、八月号での池川明先生の「お誕生日にお母さんに『ありがとう』と言いましょう」という言葉にハッとした。実際は照れてなかなか言えないのだが。すべてのお母さん「ありがとう」「ご苦労さま」。ちなみに、私の母は八十八歳だが、まだ私の「お母さん」だ――

読者の竹中義行さん（六十三歳）から編集部に届いたメッセージだ。何だかうれしくて、日本中のお母さんたちに伝えたくて、八面六臂の風に載せた。

世間も捨てたもんじゃない。ひとりの人間が、見ず知らずの母親の姿を見て、「子育て、ご苦労さま」と思う、そのやさしさ……。竹中氏はきっと、お母さんを大切に思っている人に違いない。海外振興のボランティア活動に力を注いでいる竹中氏。彼自身が、生きることをしっかり感じているからこそ、やさしいまなざしで人を見つめられる。

残りの人生、人のために役立つことをしたい……。

「生きる」というテーマは「わからない」「重い」という人も多い。しかし、それはきっと、人のやさしさや愛情に包まれてこそ、実感できるものではないだろうか。

暑い夏が終わった。リブライフをいっぱい感じた夏。今年の夏は、私にとっても忘れられない夏になった。


（二〇〇四年九月号）

『リブライフ』

晴れない心

誰も自分の価値観など持っていない。テレビやマスコミの価値観、それが自分の価値観だと信じている。長く刷り込まれた常識は、滅多なことでは剥がれない。

ただ当たり前に、何の矛盾も感じず、疑問ひとつも持たずに受け止めるだけ。「何かがおかしい」とは思っても、自分で価値観をつくるという発想など、起こりようもない。いったい、自分ってどこにあるのだろう?

人と話すとき、顔では笑っていても、心で「違うだろ」と叫んでいる私。こんな自分でいいのだろうか。だんだん人間不信になってくる。消化不良の毎日。もがく自分をなぐさめたくて、あきらめが肝心と書いてある本を読んだ。それでも、私の心は晴れない。

そんなとき、パズルのように、私の心にピタッとハマった話。ある母親が、十一歳になる息子からこんな風に言われたという。

「先生は、一時間目の社会の授業では、機械が進歩してハイテク技術になり、世の中はどんどん良くなっていくという話をし、二時間目の国語の授業では、人の便利な生活によって、自然がこわされていくという話をするんだよ」と。相反する話に矛盾を感じずにいられなかった彼は、「社会と国語がけんかしているみたいで、いやなんだよ」と言った。

十一歳の君の心は美しい。その言葉は君だけのもの。そんな感性を大切にしたい。いつからだろう。私たちが、すべてのことを常識で判断し、心で考えなくなったのは……。おかしいことを「おかしい」と言わなくなったのはいつなのか。

そしてとうとう、おかしいということすら、気づかなくなってしまった私たち。型通りの挨拶やつくり笑顔を交わしても、心がなければ気持ち悪い。世の中みんな白でもなく黒でもなく、グレーなことだらけ。なまぬるさやしょっぱさを感じても、顔をゆがめることもない。

気づいたら、もう何も書けない自分。書くことが、話すことがすべて嘘のような気がしてくる。十五年も新聞をつくり続けてきて、今さらこんな自分と出会うなんて。心はちっとも晴れない。

でも、言いたい。十一歳の君は正しいよって。

（二〇〇四年十二月号）

空っぽの心に

長い間「いい人」を演じていた。自分が好んで「いい人」を演じていた。そして、それが本当の自分だと思っていた。

他人から見て「いい人」、世間一般にいう「いい人」なんて嘘だらけ。自分らしさの意味も考えず、カタチだけにとらわれている自分。それに気づいても、しぶとく変わらない自分。何も変わらない、変えられない。「いい人」の枠の中で自己満足して、ちっぽけな正義感で酔っているみっともない自分に吐き気がする。

もう「いい人」はやめる。ずるい自分。卑怯な自分なんて、見たくない。

世間も同じ。「いい人」だらけ。心が震えていても、凍りそうでも、ただ笑っているだけの気持ち悪い人ばかり。みんながおかしいから、みんなの心が腐っているから、子どもたちの心が泣いている。もう十分だ。自分の心を腐らせたくない。

心を空っぽにして、新しい年を迎えよう。

他人や社会にとらわれている貧しい心など、いらない。心がびんびん感じていれば、それを誰かに伝えたくて、伝えたくてたまらないはず。それこそ情報（心）だ。それが誰かの心に伝わったら、今度は、その人がまた次の人に伝えてくれる。感動が世界に広がる。

『リブライフ』は、そんな人々の心の叫びや感動を伝える新聞にしたい。

本気で生きている人たちの心の叫びを、世界中の人たちの心に届けたい。どれだけ自分に正直になれるか。どれだけ自分の心に素直でいられるか、自分との闘いだ。

たとえ、人に裏切られても、自分自身を裏切ることはできない。まずはいい人をやめて、心を空っぽにする。空っぽの心には、たくさんの「感動」が入るだろう。

（二〇〇五年一月号）

一人ひとりのリブライフがある

　がんばっていれば、奇跡が起こる。阪神タイガースの矢野輝弘選手と対談をしたときに、「バッターボックスで、ある瞬間、ボールが信じられないくらいはっきり見えるときがある」と語っていた。

　三月二十七日に、大阪市中央公会堂で開催するクラシックコンサート（ヴォルフガング・シュルツ＆後藤泉）に向けて、イベント実行委員として走り出したお母さんたちを見ていると、これまでトランタンがやってきたこと、そのものだ。経験もノウハウもないから何もわからない。でも、やりたいという「気持ち」だけは人一倍。「勇気」と「根性」と「母情」には自信あり。

　十六年間、休む間もなく、がむしゃらにがんばってきた。いつだって母親たちのことしか頭になかった。それは、私自身が母親だからだろう。子育ての殻に閉じこもっているのではなく、「自分らしく生きよう」と、伝え続けてきた。アクションすれば、たくさんの人と出会う。母親の笑顔、輝く姿を見て、子どもは育つ。行動すれば、悩むこと、苦しいこともいっぱいある。それでもまっすぐに生きていく。

先日、東京・新宿で行った講演会でのこと。講演会が終わり、外に出た私の顔を見るなり、泣き出したひとりの母親。「どうしたの？」と尋ねても、ただ涙するばかり。傍らには「ママ、どうして泣いてるの？」と、心配そうに母の頭をなでる小さな手…。ママは大丈夫だよ。

涙の理由は聞けなかったけど、「お母さんはスゴイ、何でもできるんだよ」という私のメッセージに対し、彼女には、「やれるかもしれない、いや、やってもいいんだ」という希望の光がしっかり見えたのだろう。

子育て期は、我慢の時期ではない。むしろ、最高の時期。涙した母親も、コンサート実行委員会の大阪のお母さんたちも、思いは同じ。誰だって本当は不安だし、みんな大変。それでも「自分であり続ける」ためには、絶対にあきらめてはならない。母親であれば、何だってできる。

二十七日は、いったいどんなコンサートになるのだろう。史上初のお母さんたちによる、世界的トップアーティストの企画。「ほんまもん」の音楽を、どれだけの子どもたちに伝えられるかが勝負……。

母親たちが、夢を実現するために行動し、たくさんの失敗と成功を繰り返しながら、地域や社会とつながっていく……。そう、これを伝えることが、リブライフの使命なのかもしれない。

（二〇〇五年三月号）

子育て支援の文化を創る

親子でベートーヴェンコンサートの協賛依頼で企業回りをしている母親たちからの報告では、企業の子育て支援はまだまだ非現実的。

さすがに大手企業では次世代法（次世代育成支援対策推進法）の話は通じるものの具体論を模索中、しかも義務感は拭えない。一方で、次世代法なんて制度も何も知らない中小企業の社長の「うちは社員に、どんどん子どもを産みなさいと言っているんです」というセリフに、思わず拍手した。

ある既婚女性が就職試験の面接で、「出産の予定は？」と質問された話が新聞に出ていた。質問の答えは「当面、産む予定はありません」。さらに「子どもが熱を出したらどうしますか？」と続く質問には「家族や周りが助けてくれます」。そう応えなければ、彼女は採用されない。

先日、ある大手新聞社の女性記者と出会った。来月から半年間、子連れで海外研修に行くという。思わず「子連れで？」と叫んだ私。この会社では、子連れで海外研修に行く人が多いという。彼女いわく「子どもができてから社会を意識するようになり、仕事に幅が出たし、楽しくなった」と。この会社のトップに会いたいと思った。

先ほどの「子どもの熱……」の質問に対し、「日頃仕事で、子どもにもさびしい思いをさせていますから、病気のときくらいはそばにいてあげたいですね。もちろん、それで仕事に支障がきたさないように、日頃から仲間と信頼・連携の仕事に努めたいと思います」と答える人を採用する会社はあるだろうか。

それが、どれだけ働く母親たちの安心と、さらに仕事の効率をも上げることになるか。子育て支援制度は、人が人として社会に生きる上での基本。

だが、これからの課題は、子育て支援の「文化」を創ること。次世代法に「人の心」をプラスできたら、日本の子育ても少しは変わるかもしれない。そんな企業を探しに、お母さんたちは、今日も走り、メモをとる。

（二〇〇五年六月号）

不自然なお産

「生命の誕生は、宇宙とつながっているとしか思えない……」。産婦人科医師として五十年間、二万数千件という膨大な数のお産に立ち会ってきた、愛知県岡崎市の吉村正先生。

お産の哲学、さらに女性の生き方に魅了された吉村氏は、お産を通じて「生きる」ことの素晴らしさを知り、今なお「真実のお産」に全身全霊をかけて生きている。

氏の言葉（言霊）が、痛い私。お産も経験した。子育ても経験した。女であり、母親でありながら、私はいったい何を感じていたのだろう。お産の偉大さに、どこまで夢中になれたのだろう。

まるで子どものように、まっすぐに語るお産の素晴らしさ。ひとかけらの嘘もない吉村氏のお産学は、今の医学とは対極にある、衝撃的なものだった。多くの人々が信じている、安全・安心の意味が、どこか違っていることに気づかされる。

データや知識をもとに行う現代医術をも経験し、氏が辿り着いたのは、究極の「自然なお産」。子どもを産む母親自身の生活と食べ物と心のあり様で、全く違ったおおらかなお産を迎えることができるという。出産直後の母子の満ち足りた笑顔と、強い絆。映像を通して伝わってくる真実に、説明はいらなかった。私も、もう一人産みたい、心からそう思った。

自然なお産を経験すると、その後の親子関係、家族関係が見事に好転する。お産をきっかけに、すべての世界を幸せにすることができると、氏は断言する。「数字と文字ばかり。生きてあることを教えない、今の教育がすべてをダメにした」。

『リブライフ』

「生きてあること」とは、すべてをありのままに受け入れ、感謝し、心安らかに命を継いでいくこと。現代の教育では、宗教感を与えず、データとマニュアルばかりを教えてきたために、人間が「感じる心」を失ってしまった。

百万円を支給すれば、待機児童数を減らせば、子どもを産むだろうという、ばかげた国の少子化対策。大切なことは、すべての女性たちが、女である喜び、母親である素晴らしさを感じることなのに。

腐った教育やおかしな常識、間違った社会のシステムがどんどん自然を破壊し、人間の心を破壊していく。生まれてくる命だけではなく、自分たちの命さえも。たとえ政治家や医者が気づかなくても、私たち母親は、今こそ気づくべきではないだろうか。「不自然なお産」を選んでいるのも、私たち自身であるということに。（二〇〇五年十月号）

義母の死が遺してくれたもの

先日、義母が他界した。最後に見た棺の中に横たわる母の体は、七人の子どもを産み育てたとは思えないほど小さかった。

大き過ぎる棺にちょこんと小さな母。大好きだった花で埋め尽くしてあげようとしたが、どんなに花を入れても棺がいっぱいにならない。悲しい気持ちより、母の偉大なる力に涙が出た。

九十五歳の生涯を全うしたひとりの人間がここにいる。長い人生にはたくさんのドラマがあったに違いない。その話を私たちは聞いてきたのだろうか。もう母の声はない。

和歌山の龍神という山奥で生まれ、両親は百姓だった。田舎育ちというのに女学生時代を東京で過ごし、教師になった。ハイカラさんだった。

その後、教師だった父と出会い、母となるが、母の人生の大半は「子育て」だったに

『リブライフ』

違いない。貧乏だったが、父には愚痴ひとつ言わずに働き、どの子にも最高の教育を受けさせた。

息子、娘たちはそれぞれ独立して幸せになり、夫婦で安泰な余生を楽しんでいた矢先に夫に先立たれ、ひとり和歌山の田舎で先祖の墓を守っていた母。嫁の私は母から学ぶことばかりだった。不思議なことだが、母がわが家を訪れると、決まって良いことがあった。母に守られていることを、感じずにはいられなかった。

母の告別式は、家族と母を慕っていた人たちに囲まれてしめやかに行われたが、ひとつだけ私の心に「気になる」ことがあった。長男が母との最後のお別れに来なかったのだ。長男は母が体調を崩した頃から、言動が変わったという。

告別式の日に聞いた話では、義兄には母にかわいがられなかったトラウマがあるのだという。社会人としても立派な義兄、私には衝撃的な言葉だった。

周りはその義兄を、長男なのに、六十歳にもなる大人なのにと批判したが、私はそうは思えなかった。義兄はきっと母が大好きだったに違いない。だからこそ常識では考えられないことが起きた。何ひとつ問題のない藤本家に起こった不可解な謎は、母が藤本家のすべての子どもたちに残してくれた大切な財産なのかもしれない。

家族って何？　親とは何？　そして、生きるとは？　告別式を終え、母の住んでいた家を久々に訪れた次女が一言。「おばあちゃんの家って、こんなに小さかったっけ？」と。

この家は、母の生きてきたステージだ。でも、母のステージは、こんなに狭いんじゃないよと、娘たちにどう伝えられるのだろうか。今度は、私が娘たちに伝える番。残りの人生で何を伝えられるのだろう。

来年、梅の花が咲く頃に、娘たちと母を訪れよう。

（二〇〇五年十一月号）

老夫婦心中「孤独」の果てに――

ある新聞記事の見出しだ。福井県のある町で、老夫婦が元火葬場の焼却炉で焼身自殺をしたという記事だった。

新聞では、二人は身寄り（子ども）がなく、近所づきあいも苦手。さらに数年前から妻が認知症（痴呆症）になり、夫がその妻をつきっきりで看病していた。そして、二人が火葬場という異例の場で実行した心中の背景には、老夫婦の「孤独な現実」があったと記されていた。

いつもなら、ただ「かわいそうに」と少し気に留めるだけの私だが、なぜか心にひっかかるものがあった。身寄りがない、近所づきあいがない、認知症……。

「孤独」を証明するかのごとく、並べられた情報の数々。どこかの劇場でそのままシナリオになるストーリーだ。だが、この老夫婦は、本当に孤独の果てに死を選んだと決めつけてよいのだろうか。疑問が残った。

タイトルをつけた記者は、どこまで夫婦のことをわかっていたのだろう。確かに「孤独」の小道具は揃っている。しかし、それだけで、八十歳の夫と八十二歳の妻という老夫婦の人生のシナリオを、会ったこともないひとりの記者が、描いてよいものだろうか。

ジャーナリストとして、この老夫婦の声をちゃんと聞いたのか。死人に口なしとは、よく言ったものだが、真実を書くべきジャーナリストは、どこにいるのだろう。

前夜、夫は全財産を市役所に寄付し、処分を依頼する遺言書を郵送していた。それは、約一年前に作成されたものだという。自分の人生の最後をきちんと覚悟していた。

また、老夫婦は、車から大音量でクラシック音楽を流し、ともに焼却炉に入っていったという。それが事実であれば、彼らは自分たちの最後のステージを、ずっと前から描き、エンディングソングまでも用意していたことになる。

私には、この老夫婦は、人生最後のエンディングロードを、微笑みながら二人で手をつなぎ、「もう、十分生きたよね」と語りながら歩いている姿が見えた。

人生の最後くらい、自分で決めたいもの。私も、そんなことを考える歳になったかと思うと、歳をとるのも悪くないなと思えた。あの世から、「あなたもおせっかいな人ね」という老夫婦の声が聞こえた。

（二〇〇五年十二月号）

『リブライフ』

初夢「お母さん大学」

大きなキャンバスに向かい思いおもいの絵を描くママたち。筆を持つのは何年ぶり！と、隣りのママたちとおしゃべりをしながらアートを楽しんでいる。

子どもたちは外の壁をキャンバスに、思いっきり芸術を爆発させている。

お隣の畑では地域のシニアが、子どもたちを集めて農作業。うぁ〜、でっかい大根〜、芋掘りしたい！　こらぁ〜、まだ掘ったらダメだぁ！。泥んこの子どもたちは、土の上を歩くだけでもワクワクドキドキ！

その向こうからきれいな音色が聞こえてくる。

ピアノ、バイオリン、チェロ……。音楽が得意なママたちが、オーケストラを結成。

ここは、子どもではなく、ママがお稽古する場所。スタジオでは、ビヨンセやアリシアみたいな、かっこいいママたちが、リズムに合わせてヒップホップダンス！

奥の部屋には、パソコンが百台も並んでいる。世界中の人たちとインターネットを通じて交流。テレビ電話を使って、数か国の人たちと同時におしゃべり。今晩のメニューは国際井戸端会議で決まり！

シアターでは、いつだって巨大スクリーンで映画が楽しめる。そのほかお芝居やミュージカルの上演もあるし、観るだけではなく、製作チームにも参加できる。

ちびっ子は保育園ではなく、子どもの基地に集合。みんな異年齢の子どもと遊んでいるから、成長も早い。ここはママを待つ所じゃなくて、子どもたちが自主的に活動する所。だから、大人は簡単には入れない。

おなかが空いたら広場の屋台でランチ。ゆっくりしたいママは、緑いっぱいのオープンカフェへどうぞ。ここではママのＤＪがいて、音楽とトークで楽しませてくれる。リクエストもＯＫだ。

ビジネスセンターには「母親限定」の求人情報がズラリ。お母さん歴が長い人は高収入。ここでは「学歴」ではなく「母歴」が勝負だ。

海のすぐ近くには、助産所もある。波の音を聞きながら、星を眺めながら、家族みんなで生まれ来るその瞬間を待つ。赤ちゃんが生まれたら、みんなでシーサイドパーティー。情報ならお母さんの新聞社にお任せ。

ママたちは、毎日取材をしながらいろいろな人と出会い、その出会いに感動し過ぎて言葉では表現できないと、記事を書けない人が続出。これは、深刻な問題だ……。う～ん、むにゃむにゃ……まだまだ続く……起こさないで。


（二〇〇六年一月号）

虫酸《むしず》が走る

人生の後半にさしかかろうとしている今、つくづく思うのは、楽しくないことには一分一秒だって関わりたくないということ。だからといって、一日中だらだらと本を読むことが無駄ではなく、これはむしろ上質の無駄で大歓迎。しかし、一番いやなのは、意味のない空間に自分がいること。

気持ちのない会話、心のない仕事、空気が読めない人、言い訳ばかりの無責任な人、自分を守ることだけしか考えない人たち……。虫酸が走るというのが、まさにこれ。

ここに自分がいる意味とか、役目とか、もっと深くいえば、自分の存在、生きている意味を、考えていない人があまりにも多過ぎる。

食べることだって、どうでもいいとは思えない。むしろ、人間、食べることに関心がなくなったら終わり。食育なんて言葉ではなく、もっといいセンス（感覚）で食べることの喜びや感謝の気持ちを味わいたい。

遊ぶなら最高に楽しく、仕事なら意味のある仕事を。できるだけ美しいものを見て、素晴らしい人と出会い、心の底から感動したい。そう思っていると、だんだん人とのつきあいも限られるし、仕事もなくなっていきそうで、困ったものだ。

こんな風にヘンになってきたのは、やはりモノ（新聞）をつくってきたからかもしれない。経済偏重の世の中では、ものづくりにこだわればこだわるほど、今の社会には整合しない。

また、人づくり（教育や子育て）も、社会のしくみの中でますます砂漠化している。その砂漠の中で、子どもが苦しむ姿が見え隠れしていることに、どれほどの大人が気づいているのだろうか。わかっていて知らんふりなんかしている奴は、もう人間やめたほうがいい。

「お金さえあれば、夢も買える」と言った男は、経済社会の頂点から一気に落ちていった。しかし、彼の失脚をただ笑うだけでは済まされないだろう。なぜなら、彼もまた、化け物が住む社会の犠牲者のひとりにすぎないからだ。

そんな私もまだまだ浅い。この歳になってようやくそんなことに気づいたばかりで、とても偉そうにいえたものではない。

でも、人生折り返し地点に立った今だからこそ、残された時間を大切に、意味あることに全エネルギーを注ぎたい。心からそう思う。

（二〇〇六年二月号）

「変種者」という職業

先日、ある中学校の授業に取材でおじゃましたときのこと。授業のテーマは「将来の職業について考える」というものだった。

そこで私は、いきなり学校の先生に「滅多にない機会ですから、子どもたちにぜひ、職業についての話をしてほしい」と頼まれた。つまり、藤本裕子がなぜ「編集者」という職業を選んだのか、また「編集者」とはどんな仕事なのかを、と。

さて困った。急に頼まれたからではなく、実は私、自分が「編集者」であるという自覚が、ほとんどないからだ。確かに「編集長」という肩書きはあるが、編集長というより、むしろ「変種長」？　と、周りからいわれているくらい。子どもたちに話せるようなことなど何もない。

しかも、相手が大人なら適当な嘘も言えるが、子どもに嘘はつけないし、中途半端なごまかしは通用しない。

さていよいよ、取材するはずだった私が、子どもたちの前で「わが職業」を語ることに。人生半分を生きて、編集者に至るには多少の経緯もある。

まずは、子どものころの夢だったスチュワーデスになったときのことを話した。反応は……。うんうんまずまずだ。

そして、子育て中に「何かやりたい」という気持ちが芽生え新聞づくりを始めたことを話す……と、あまり反応はなし。聞くところによると、この学校の子どもたちの多くは、将来は医者か弁護士になるという。

行き先の決まったレールが目の前に敷かれている彼らには、世の中には、ほかにどんな職業があるのか、またどんな人たちが、どんな気持ちで働いているのかなどには、あまり興味がないらしい。

そんな彼らに、何をどう伝えたらいいのか。「仕事って、お金を稼ぐことだけではなく、人の役に立つこと、人間であることを感じることだよ」と言ったが、再び反応なし。「これからは、職業を自分でつくり出す時代。一五〇人の人がいたら、一五〇通りの職業がある」と。……ダメだ、ますますわけがわからない。

よし、最後の切り札だ。「私は編集者のほかにもうひとつ、誇りに思える仕事をしています！」と、握り拳を掲げた。

「それは、お母さんです。人間の命を産み育てるという、何よりも偉大な仕事。今はその意味がわからないかもしれないけど、君たちが大人になって、もし親になる日が来たら、その意味がきっとわかるよ」と言うと、さらに沈黙。

あ〜、しまった。言わなきゃよかった。やっぱり私は変種者。それに、いくら偉そうに言っても、お母さんすら完璧にやれていないからな。

仕方ない。子どもたちを納得させるために、いつかもう一度、出直すしかない。まだあどけない顔の子どもたち。彼らは将来、どんな夢に向かうのか。そのために、私たちにできることは何か。答えを見つけることが先決だ。

（二〇〇六年三月号）

最高のお母ちゃん

この『リブライフ』を入稿する直前に、小篠綾子さん（九十二歳）の訃報が入った。つい最近、岸和田に住んでいる方から、「小篠さん、お元気ですよ」と聞いたばかりだった。

小篠さんとお会いしたのは、三年前のこと。大阪・岸和田の商店街にある小篠さんのお店におじゃました日のことが思い出される。

世界的なファッションデザイナー、コシノヒロコ、ジュンコ、ミチコの三姉妹の母であり、自らも「コシノアヤコ」ブランドを手がけるデザイナーだった。

たいがいの人から「あんたんとこは、ええな」と言われたというが、その栄光の裏には、小篠綾子が女手ひとつで娘たちを育てた波乱万丈のドラマがあった。

「ホンマに何もせえへん母親でした。子どもは放っといたらええんと違う? かまい過ぎるから変になるんや。私は、どこの学校に行ってほしいと言ったこともない。行くとこ行ったらええ。なるよーになるのが、ええ運命や。子どもはええ運命を持って生まれてくる。親がじゃましたらあかん」。

真剣に生きてきた人の言葉は、どこかの有名な評論家の子育て論とは違って、不思議とビンビン心に伝わってくる。そのデンとした、小篠さんの母としての偉大さに感動した。子どもらを産む、その日までミシンを踏んでいたという小篠さん。生まれた子どもたちが、母と同じ道を歩んだのも当然かもしれない。

八十八歳の誕生日パーティーでは、娘たちから「母の生き方が、自分たちに生きる力と勇気を与えてくれた」と言われたと、うれしそうに語っていた小篠さん。

小篠さんに、「うちも同じ三人娘ですが、お母さんみたいな大変な仕事はやらない」と娘に言われてると話したら、「ハハハ。口ではそう言っても、見ていますよ。あんたが必死でやっている姿を」と。

子育て中の母親たちへのメッセージもうれしかった。「子どもに負けんように強いお母さんにならんと。間違うたこと言うたら、子どもは絶対ついて来ませんよ。大人であっても、正直な心が一番や。いつも堂々とね」と。

その言葉は確実に、私の今につながっている。決して後ろを振り向かず、いつも前を向いて生きてきた小篠さんこそ、まさに、お母さんの鏡。「将来、お母さん大学をやるのが夢なんです」と言う私に、「やんなはれ、応援したる」と、その一か月後に開催したトランタンの「天晴れ！元気な女の夏祭り」のイベントのために、わざわざ横浜まで駆けつけてくれた。

あの世でも、豪快に笑いながら、大好きなはさみを手にミシンを踏んでいる小篠さんが見える。心からご冥福をお祈りいたします。

（二〇〇六年四月号）

『リブライフ』

心を込めて書くということ

「八面六臂って何て読むの？　どんな意味なの？」と、読者の皆さんがトランタンのホームページで話題にしていた。

そこで、ＹＡＨＯＯ！で検索してみて驚いた。「八面六臂とは」と検索すると、トップに「藤本裕子の一筆入魂」なんて文字が飛び出してきて、びっくり！　ちょっと恥ずかしかった。

ご存知ない方のために解説すると、「八面六臂とは、仏像などで、八つの顔と六つの腕を持っていること。多才で、一人で何人分もの活躍をするたとえ」（大辞林／三省堂）とあり、「八面六臂の活躍」などと使われることが多い。

始まりは『月刊お母さん業界新聞』だった。「子育て」という狭い枠の中だけで物事を考え、行動するのではなく、お母さんだからこそ、いろんな顔を持ち、いろんなことに挑戦しようというメッセージだった。

創刊号からずっと、表紙エッセーとして書かせてもらっている。「八面六臂」には、これまでさまざまな場面で出くわした不条理なことへの「怒り」を書くことが多く、かなしいことにここだけを読むと、必ず「キツイ女」とイメージされてしまう（「えっ、ほんとにキツイでしょ」という声が……）。

「八面六臂」を書くときは、しばし目を閉じて考える。怒りをぶつけるだけでは伝わらないし、一方的な発言になってもいけない。文章のリズムや空気にも、私なりのこだわりがある。いつもどこかに、背筋を伸ばして「八面六臂」を書いている自分がいる。

私にとっての「八面六臂」は、精神修業のひとつでもある。「八面六臂」を書く自分を意識することが、私を前に進ませる「原動力」になっているのかもしれない。

口先だけ、表面だけの薄っぺらな人間にはなりたくない。今、私自身が生きて、感じていることを、まっすぐに書いていくだけ。だからこそ、読者の皆さんが「八面六臂」に共感してくれることが何よりうれしくて、それがまた、私の未来につながっている。

凄まじいほどの情報社会。誰もが、いとも簡単に、自由に文章や情報を発信できる。

そんな時代だからこそ、「言霊」という言葉を信じて、一つひとつの語句を自分の中で確認しつつ、心を込めて書いていきたい。

『リブライフ』が届くと一番に「編集後記」を読むという人が多いらしい。だから今度、何気なく、「八面六臂」を編集後記に書いてみようかな。そんなことを考えている、今日この頃である。

（二〇〇六年五月号）

普通に素敵に生きるということ

『リブライフ』とは別に私たちがつくっている、神奈川県の健康づくり情報誌『ヴィサン』（かながわ健康財団発行）の取材で出会った手塚俊男さん。五月二十四日で百二歳になった手塚さんは、湘南で一人暮らしをしている。最愛の妻を亡くしたのは今から十四年前のこと。

一時は落ち込んだ手塚さんだが、現実に向き合うことで、妻の分も生き抜く決心をした。九十歳のときに自転車で転倒し、足を骨折して医者から「寝たきりになるでしょう」と告げられた手塚さん。「何クソ！」と起き上がり、本気でリハビリに励んだという。

お会いした日は、バーバリーの上着を品良く着こなし、おしゃれ用のステッキを手に、サングラスは伊達めがね。補聴器も入れ歯も無用の長物。人間は百歳まで、こんなにも元気で生きられるものかと感動した。

朝五時に起きて風呂に入り、朝食をとる（もちろん自炊）。その後、一時間ほど新聞を読み、江の島まで散歩するのが日課。自宅はマンションの四階だが、健康のためエレベーターは使わない。

地域では、毎月、地元の保育園と老人ホームに慰問に行く。友人・知人が多く、どこへでも気軽に出かけるので、日中はほとんどが留守電だ。毎日掃除や洗濯を欠かさないのは、「自分には明日が来るかわからない」からと。

正直、お会いするまでは「百歳の方と、きちんと会話ができるだろうか」と不安だった。どこかに年寄りを馬鹿にした自分がいた。人間をわかっていなかったといたく反省。

手塚さんの「誰とでも五分で友だちになる技」は、次世代に伝えたい最高のコミュニケーション力。外で背中を丸くしている人を見ると、「あれではダメだ」と背筋を正す。元気の秘訣を尋ねると、「人間はいくつになっても、色気と食い気ですよ」と笑った。車から降りる手塚さんに手を差し出すと、私の手を握りながら「これがいいんですよね」とにっこり。粋でウィットに富んだ話っぷりは誰より楽しく、時の経つのも忘れてしまうほど。

今度、美術館でデートをする約束をした。仕事でいろいろな人と出会うが、こんな風に「普通に素敵に生きている人」は初めてだった。

別の日に、ある会にお誘いしたが、朝から生憎の雨。「こんな日にお呼び立てして、すみません」と言うと、「いやぁ、雨の日もなかなかいいもんですよ」と……。その言葉に、偉大な人の生き方を感じた。私も手塚さんに負けないくらい、普通に素敵な生き方をしたい。

（二〇〇六年六月号）

人生ってそんなもんさ

三三〇キロのスピードで二四時間走り続ける「ルマン二四時間耐久レース」。それはまさにモンスターレースと呼ぶにふさわしいが、シャルル・ド・ゴール空港からルマンまでの道程も、私たちにとっては過酷なレースだった。

ルマンに参戦する、レーサー・中野信治さんの応援を目的に、フランスへ飛んだトランタン一行七名。空港でレンタカーを駆ったものの、フランス語の標識もアナウンスもわからない。ただでさえ不安なのに、さらなる不安が私たちを襲った。

というのも、マニュアル車で左ハンドル。しかもナビはない。空港の駐車場でテスト走行を試みるが、クラッチ動作がうまくいかず、数メートル走ってはエンストの繰り返し。「こんなんでフリーウェイを走れるのか?」……全員に不安が過る。

だがドライバーのスタッフAは、無謀にもそのまま高速道路へ侵入。もう後戻りはで

『リブライフ』

きない。車が動き始めた。

その後もなぜか（Aは車の不調を訴えていたが）車はエンストを繰り返しながら、ホテルの所在がわからずパリの街をウロウロ。翌日も高速道路の入口を探し、いろいろな人に道を尋ねながら、何とかルマンに辿り着いたときは、まるでゴールした気分。しかし、予期せぬトラブルは、ルマンを離れてから起きた。

マシントラブルでリタイヤを余儀なくされた中野さんに別れを告げ、せっかくだから、ロワール地方のお城に行こうと、高速道路のサービスエリアでガソリンを入れて走り出した。ところが、数キロも行かない所で車に何やら異変が。減速してギヤチェンジするたびに、今にもエンジンが止まりそう。いや、もうほとんど止まる寸前。何とか騙し騙しで次のインターチェンジ「トゥール」の街まで行き、フリーウェイを下りると、街の一角で息絶えた。

目の前のマーケットに立ち寄り助けを求めると、英語が全く通じない。買い物に来ていた気さくな地元の女性に助けてもらって、レンタカー会社に連絡。三十分後に現われたレッカー車に牽引され、修理工場へと移送された。

牽引するドライバーは、気のいいムッシュ（おじさん）。トラブルを見極めるため、故障車に同乗してトゥールの街を走ったそのとき、彼にジョークを交えてこう尋ねた。Why is he so angry?（なぜ、車はご機嫌斜めなの？）すると、彼はこう答えた。

It's a life.（人生ってそんなもんさ）

つまり、「人生ってそんなにうまくいくもんじゃないよ。だから楽しいんだよ、だから生きている意味があるんだよ」と。トラブルで消沈しきっている私たちの心をなごませてくれた粋なフランスおじさん。

今回のルマンツアーは、この言葉がすべてだと思った。It's a life. こうして、私たちも解決できないエンジントラブル（？）で、リタイヤすることになった。

（二〇〇六年七月号）

『リブライフ』

つくればわかる

もう十七年も何がよくて新聞をつくっているのか。この間、『トランタン新聞』から『お母さん業界新聞』に、そして『リブライフ』へ。「新聞が進化する……」なんて、偉そうなことを書いたが、そんなかっこいいもんじゃない。つくればつくるほど、こだわればこだわるほど、考えれば考えるほど、世の中のおかしなことが見えてくる。

つくればわかる……

何が正しくて、何がおかしいのか。「価値観の多様化」なんて曖昧な言葉が横行し、「個性の時代到来」なんて嘘っぽい言葉が飛び交っている。わかっていない人間がわかったように書く文章ほど、気持ち悪いものはない。一旦見えてくると、もう何も書けない。何のために書くのか、何を伝えたいのか、見えなくなる。

つくればわかる……

文章を書くのが人間であれば、その文章には「心」があるわけで、正しい文章など誰にも判断できるものではない。なのに、その文章が正しいか正しくないかという判断しかできない人もいれば、それが正しいか正しくないかを全く関知しない人もいる。

つくればわかる……

人が集まれば、そこには必ず空気が流れている。目には見えないが、しっかりと流れている。しかし学校でも職場でも、「今、発言すべきことは、それじゃないだろ」と思うようなシーンばかり。そこにある空気を読めない人が、なんと多いことか。そんな人には、どんな言葉も届かない。

つくればわかる……

美しいものを見て美しいと思えるなら、おかしいことをおかしいと言えるはずなのに。その人の目には、本当に美しいものなど何も見えていないのだろう。怒りよりむしろ、かわいそうにすら思えてしまう。だがせめて、未来ある子どもたちには、本当に美しいものを見せたい。

つくればわかる……

『リブライフ』

自分のことしか考えない身勝手な人間が、母親になり、教育者になり、経営者になる。未来が見えないのも当然だ。昨日、保育士の資格を取ろうとしている母親からのメール。「十〜十四歳の児童の死因の第三位は自殺と知り、とても勉強どころではなくなりました…」。その感覚がすべてだろう。

つくればわかる……

じっと目を閉じて考える。体の底から溢れ出るもの。何だかわからないけど、感じるもの。怒り狂う嵐の海、朝陽輝く穏やかな海、母のような海。自分の内にある何かが、大きく揺さぶられている。なぜかその感覚がうれしい。生きている自分を感じる。

だから、つくればわかる……。

（二〇〇六年八月号）

もしも、私が……

久しぶりにおかしかった。

最近、末娘とウォーキングをしている。健康のためというより、ストレス解消みたいなもの。というのも、「今日は仕事どうだった？」という娘の言葉に、「聞いてよ」「マジ感動した」『許せないよ～」と、仕事で出会った人のこと、会社で起きたトラブル、悩んでいること、頭にきたことなどをしきりに話しながら歩く。

怒っているときほど歩くのが速いのは、原稿書きと一緒。そのおかげで、娘は私以上に会社のことを知っている（だから、絶対にトランタンの仕事はしないという）。

先日も「今日は新入社員の面接だ」と言うと、「ちゃんと化粧をしなさい」「すぐに相手を信用しないように」「ダメならすぐに断ること」「採用の基準を明確に」「お母さんになったらダメだよ」と、まるで会社の取締役のように冷静沈着に指示をする。

それでも私がそうできないことを知っているから、裏切られたときのことまでイメージする。

そんな話で盛り上がっている最中に、「お母さんは、好きな仕事をしているからいいね」と娘。思わず「えっ？」と。私は今の仕事を好きでやっているのかな……。なぜか「うん」と素直にうなずけない私。

文章を書いたり編集をしたり、これが私の好きなことかといえば、正直なところ疑問。なのに、なぜやっているの？　好きでもない仕事をここまでやれるのか。

「やっぱり好きなんだよ」と娘。いや、今の本音は、「できれば、孫とのんびりしていたい」。そんな話をしているうちに「もし、お母さんが別の職業人だったら？」という話になった。娘は、まるでストーリーを描くかのようにスラスラ語った。

警察官だったら……犯罪の裏はまず見抜けない。悪人と闘う前に署内の警察官と闘い、即刻クビ。

先生だったら……校長とけんかして、またまたクビ。看護師だったら……いくら気をつけても間違って注射し、患者が心配で夜も眠れない。

弁護士だったら……依頼人が嘘をついたら弁護できない。飲食店だったら……みんなにタダで食べさせてしまう。これでは、どの職業もやれないということだ。

つまり、トランタン新聞社の仕事を十七年間も続けてこられたのは、これしかやれるものがなかったということ。娘はそう語りながら、妙に納得していた。

私はほめてもらっているのか、けなされているのか、よくわからない。だが、そのとき、ひらめいた。「そうだ！　私はなぜトランタンの仕事をしているかを考えるために、この仕事をしているのだ」と。そのひらめきには、さほど反応を示さなかった娘だが、私自身は、妙に納得していた。

そして、もうひとつ。やっぱりお母さんになるために、この仕事をしているのだと…。

（二〇〇六年九月号）

五月の約束

トランタンが企画制作している『教育大阪ビーボラビータ』（大阪市教育振興公社発行）の巻末に、大阪で活躍中の十二人のアーティストを紹介するコーナー「つくるということ」がある。すでに八名のアーティストの取材を終えた。

アーティストたちに共通しているのが、語る言葉が少ないということ。作品で表現しているからだろうか。それでも一つひとつの言葉が心に深く強く伝わってくる。ものづくりへのこだわりは半端ではない。

作品を生み出しても生み出しても際限のない思い……。表現する人にゴールはないのだろう。いい加減な作品をつくることを恥とさえいう、ものづくりにかける一途な思い。そんな心地よい価値観を、ますます喜んでいる私がいる。

絵画や工芸作品ではないが、私も「新聞」というものをつくっている。だから、彼らの言葉がうれしいし、「同じ仲間になりたい」と思う。十七年間も新聞をつくってきた。新聞の目的は情報発信だが、そもそも「情報」っていったい何だろう。

これだけの情報社会にあって、求められる真の情報とは…。それこそが、リブライフのテーマかもしれない。

そんな折、十二人のアーティストの一人、古池英貴さんと出会った。彼は自閉症という障がいを持っている。ホテルの会議室で取材をした。取材といっても、彼と会話はしにくいため、彼をサポートしている絵の先生やお母さんから間接的に話を聞いた。

取材が終わって、古池さんにお礼の意味で握手をした。そして別れ際に、「今度、横浜にも来てくださいね」と言うと、古池さんは、初めて私に向かって口を開いた。「いつ？」。その言葉に、頭をガツンと殴られた気がした。社交辞令のつもりはなかったが、どこか無責任に発言している自分がいた。古池さんに失礼なことをしたと、深く反省した。

古池さんは今、かつてトランタン新聞社のオフィスがあった、横浜の氷川丸（山下公園）の絵を描いているという。私にプレゼントしてくれると聞いて、うれしかった。あの日、私と出会ったことを、古池さんが「ひとつの作品」として描いてくれている。人の心に寄り添えない人たちで溢れている現代社会。なのに古池さんは、心でまっすぐにコミュニケーションしていて、すごいなと思った。

来年五月に、古池さんは横浜に来る。約束しよう。

（二〇〇六年十月号）

『リブライフ』

お母さんの愛

最近、ある人から「藤本さんは、お母さんみたい」と言われて、うれしかった。なぜなら、これまで三人の娘たちに、母親らしいことなど何もしていない。

ただトランタンで走っているだけで、気づいたらみんな大人になっていたという、ダメな母。娘たちにとって、私はいつも風のように吹いているだけ。

「お母さんの新聞をつくっているくせに、ちっともお母さんしていない」と、スタッフの息子が語ったことがある。

学校でのこと。お母さんがテーマの授業で「あなたのお母さんは何点ですか?」という先生の質問に「うちのお母さんは零点です。でも、社会人としては百点です」と答えた彼。

彼によると「お母さんはごはんをつくらない（おばあちゃんがごはんをつくってくれていた）から零点。でも、人のためになる仕事をしているから百点」という評価だった。笑い話ではないが、そのとき私は、苦笑いをしながらも、そのことを誇りに思った。

お母さんって何だろう?　女は母性というものがあり、子どもを産めばその母性が開花するというが、そうとは限らない。そうであれば、虐待などあるわけない。母性について議論したいわけではないが、母性的感性とは、子どもを産む産まないは関係ないと思う。

最近、出会った人の中に、まさに「グレートマザー」と思える女性たちがいた。彼女たちは母親ではない。しかし、素晴らしい人間だ。

ひとりはシンガーだ。私は彼女の歌声に、体の底から母を感じる。その溢れる思いは、母がわが子を思う気持ちのように、とてつもなく深い。その美しい歌声、響きに、世界中の人たちが感動する。

もうひとりは画家である。彼女の描く生き物たちは、きらきらと輝く太陽に包まれたような、眩しさと気高さに満ち溢れている。何だろう。この人たちの放つエネルギーは……。もしかしたら、母性とは究極の「愛」なのかもしれない。世界中が母の愛でいっぱいになれば、憎しみも争いも起こらないはずなのに。

ずっと、子育て中の母親たちに夢を聞いてきた。いろんな夢を聞いているうちに、ある日、「お母さんたちの本当の夢って何だろう?」と思う時期に来た。ちょうど『リブライフ』を創刊した頃だった。

お母さんの夢は、もっと果てしなく広く、海のように深いはずと。そして、それを伝えるのが、私の仕事だと信じている。

（二〇〇六年十一月号）

師走の虚しさ

毎年師走になると、複雑な気持ちになる。あれもこれも終わっていない、やるべきことができていないと焦るのだが、最近、特にそう思うようになったのは、歳のせいかもしれない。

ここへきて、悲しい事件ばかりが心に残る。毎日のように、たくさんの子どもたちが自ら命を絶っている。大切な命が一瞬のうちに消えていく。親御さんの気持ちを考えると、いたたまれない。どれだけ悲しんでも、どれだけ悔やんでも、愛するわが子は戻って来ない。

十一月初め、文部科学大臣宛てに届いた、自殺をほのめかす一通の投書。幸い予告された通りの自殺は確認されていないが、それをクローズアップしたマスコミのおかげで、連鎖的に自殺が相次いで起きてしまった。

相変わらず、地方自治体や教育委員会宛ての投書が後を絶たない。それが子どもたちの本当の心の叫びなら、そこに届けても意味がないことを、伝えたい……。

学校で子どもが自殺したその日に、山形の教育長らが宴会をしていたという。本来なら許されざる行為なのに「そんなもんだろう」と思える。もはや、信じるものなど何もない。子どもたちのために本気で考える教育委員会があるのだろうか。

この緊急事態に成すべき行動もとれず、語るべき言葉も持ち合わせていない。そもそも、命の大切さを教えられない、そんな教育委員会なんて、事なかれ主義なんて、まっぴらご免だ。

いじめ問題が深刻化するイギリスでは、いじめた子どもの親への罰金制度（約二二万円）が検討されている。国民性の違いといえばそれまでだが、お金さえ払えば、その罪は消えるのだろうか。ルールで管理することはできても、モラルの向上にはなり得ない。

日本では、標語を並べる団体や批判するばかりのメディアが目立っている。即座に具体的な対策を講じるという点では、いじめ問題を深刻にとらえていると見るべきかもしれない。

その昔、いじめをしていたという、ある人が語っていた。「友だちをいじめたことは、生涯、自分の中で消えるものではない」と。その気持ち悪さに、今でもうなされる夜があるという。いじめることが楽しいと、本気で思う子などいるはずがない。心から愛された人間は、人を簡単に傷つけたりはしない。だとしたら、いじめる子どもの心にもたくさんの傷があるのだろう。

今の子どもたちの問題責任は、すべて私たち大人にある。まずは自分が変わることだ。日本中の子どもたちを救うことはできなくても、せめて自分の子どもや、隣の家の子どもを救うことはできるはずだ。

（二〇〇七年一月号）

小さな悩みと大きな勇気

先日、大阪のあるシンポジウムに参加するために、新横浜駅から新幹線に乗った。

私の楽しみは、車中でお弁当を食べること。その日はうなぎ弁当とビールを持って乗車。ビールを飲んでたらふく食べたあと、明日のシンポジウムに備えようと、主催者から用意された資料をテーブルの上に置いた。表紙には「企業とＮＰＯの子育て支援協働推進セミナー」というタイトル。

満腹の私はほろ酔い気分。資料には目もくれず、心地よい眠りに誘われていた。突然、隣に座っていた三十代前半の男性から声をかけられた。

「失礼ですが、どんなお仕事をなさっているのですか？」。一瞬、ドキッ！　とした。もしかして、これってナンパかも⁉　ここ数年、そんな機会？　はない。不安と期待が交錯する私の心中を察知したのか、その人は「あの、その表紙がちょっと気になったもので」と。

「へっ？」とは言わなかったけど、彼が興味を持ったのは、私ではなく、このタイトルだった。「生きるというテーマの新聞をつくっています。これは、明日参加するシンポジウムの資料なんです」と。

名古屋に住んでいる三人の子どものお父さんだった。「子育てについて考えることが

『リブライフ』

あって」とあれこれ話し始めた。子どもが生まれた途端に、社会のことに無関心ではいられなくなった。父親になって初めて気づくことばかりで、いろいろ感じることも多いという。名古屋駅に着くまで、子育てについて語り合った。

最近は随分、父親の育児参加も盛んになってきている。しかし、休日に親子で遊びに行くとか、子どもの学校行事に参加するとか、父親の役割って、それだけではないはずだ。「教育パパ」なる言葉も妙に違和感がある。

なぜ、世の中はいい方向にいかないのだろう。

いじめや陰湿な事件は増え、地球環境もますます悪化している。子どもにとって少しもいい社会になっていない。子どもたちの未来を本気で考えている大人がどれほどいるのだろう。「子どもたちのために自分に何ができるだろう」と悩んでいる、ひとりの父親の悩みが新鮮に思えた。

その小さな悩みが、これからの社会につながるはずだ。お父さんたちがやるべきことは、たくさんある。

それにしても、不思議な縁だ。私がこの資料を出していなかったら、この父親と話をすることもなかったし、「昼間から弁当食って、ビール飲んでるただのおばさん」で終わっていただろう。気になっても、実際に声をかける人はなかなかいない。勇気だっている。

お父さんの小さな悩みと大きな勇気が、未来の子どもたちを救うに違いない。

（二〇〇七年二月号）

大阪ありがとう

二〇〇二年から制作を担当している大阪市の教育情報誌『教育大阪ビーボラビータ』（以下Ｖ・ｉ・Ｖ・ｉ）。五年間の制作活動に終止符を打つことになった。

教育改革の嵐が吹く中、行政と民間が協働する革新的な教育情報誌として、Ｖ・ｉ・Ｖ・ｉは産声をあげた。「学校と家庭と地域をつなぐ」というコンセプト。その手法は、これまでの教育誌にありがちな行政主体の発信から、地域の母親たちへの発信と、パラダイムシフトした。

今思うと、毎月六〇頁の月刊誌をつくる力が、当時のトランタン新聞社にあったかといえば、正直疑問。私たちを採用してくれた財団法人大阪市教育振興公社の皆様には、どれほどの出会いと学びの場を与えていただいたかわからない。

同時に、教育現場の混乱も学んだ。V・i・V・iの制作がなかったら、私の価値観もまた違っていたかもしれない。何より驚いたことは、V・i・V・iに関わってくれた母親たち（V・i・V・iレポーター）が、この情報誌を通じて、どんどん意識を上げていったこと。その姿に感動したのは、誰より私にほかならない。

横浜の私たちが大阪の情報誌をつくることができたのは、そのお母さんたちがいてくれたからだ。そのひとりに宇賀佐智子という素晴らしい母親がいる。

創刊号から最終号までV・i・V・iに関わり続けてくれた唯一の人だが、横浜と大阪という六百キロの距離を超え、常に編集部の判断を信じ、忠実に動いてくれた。

時には、理不尽なこともあったと思う。それでも最後までがんばれたのは、誰よりこのV・i・V・iの素晴らしさを感じていたからに違いない。彼女こそ大阪の誇りであり、そしてトランタンの誇りでもある。

地域の中で母親がペンを持つ意味、そして責任。取材を通じて、またその後のやりとりの一つひとつが学びの場だった。世の中のさまざまな価値観に翻弄された日、憤りや矛盾、闘いもあったが諦めもあった。けれども、日々生きている実感があった。

先日、これまでV·iV·iを支えてくれた方々に、V·iV·iの終わりを告げると、「今まで、大阪のためにありがとう」と言われた。一人や二人ではない。大阪って、つくづくいいなと思った。

今になってただひとつ気になるのは、こんなに多くを与えていただいたのに、大阪の人たちにまだ何も恩返しできていないこと。

五年前の入札説明会の日、「横浜の私たちには到底無理だろう。たこ焼きでも食べて帰ろうか」と思ったあの日が懐かしい。

昔、お世話になったある方から言われた言葉を思い出した。「あなたが活動を続けることが、今日まで支えてきてくださった方への、何よりの恩返しよ」と。

十七年間の活動を振り返り、まだまだ至らなさを感じるばかり。私にできることを、これからも続けていきたい。

（二〇〇七年三月号）

アジテーターという仕事

先日、高校生に職業講話をする機会をいただいた。職業講話とは「仕事」について話をするということ。最近は、母親に限らず、シニアや教師、企業人向けなどジャンルが広がっているが、正直なところ高校生向けの講演というのはあまり経験がない。

実は、主催者からの最初の依頼は「客室乗務員」についての話だったが、三十年前の仕事について話すなんて無理、今の仕事について話をさせてほしいとお願いした。「スチュワーデスだったら、若い人のほうがいい。私では、子どもたちの夢がなくなりますよ」と言ったら、妙に納得されたのでムカついた（笑）。

そんなやりとりがあった矢先に、先日のＡＮＡの胴体着陸。あの日、偶然にもテレビ画面を通してその「瞬間」に遭遇した。手に汗を握りながら、無事着陸を祈った。というのも、機内にいる乗客や乗員がどのような状態であるかがはっきりと描けたからだ。

さて、私の職業って何？　どんな「職業講話」ができるのか。新聞や雑誌をつくる人のことを一般に「編集者」というが、私は自分が編集者と思ったことは一度もない。

確かに三種の媒体の編集長ではあるが、文章も得意ではないし、雑誌づくりが好きなわけでもない。主催者に「マザージャーナリスト」ではダメですか？　と尋ねたが、これも見事に却下された。

ジャーナリストとは大手の新聞社をいうのか。お母さんの新聞社では通用しない。本当は「お母さん」という仕事について話したかったが、厚生労働省の職業分類に「お母さん」はない。

すると主催者が、藤本さんは「アジテーター」ですよねと。アジテーター……ちょっとやばい言葉。辞書で引くと、①扇動者、②攪拌機《かくはんき》、③かきまぜる装置、とある。アジトというと、俗に、よろしくない（反社会的な）ことを指示する指令所。なるほど、当たっているかもしれない。よく、人をそそのかし、その気にさせる。

さて学校では、アジテーター・藤本裕子と紹介されるのかと楽しみにしていたが、フツーに「編集者」として紹介された。しかも主催者から「子どもたちはほとんど反応しないけれど、めげずに話してください」と注意があった。「反応がないのは講話者が悪い」と、覚悟して戦場に向かった。

それにしても、子どもたちは毎日つまらない授業を受けているのかと思うと、気の毒になった。教室には二十名ほどの子どもたちがいた。みんな、まだあどけない顔をしている。

開口一番「私は『編集者』ではなく『変種者』です」と自己紹介。一瞬にして全員が「?」と首をかしげた。さて、どんな講話だったか。

今の大人たちは、未来に向かう子どもたちに夢を与えることはできない。ならば、せめて彼らのじゃまをすることだけはしてほしくない。

子どもたちは、生きるために生まれてきたはずだ。それを、大人たちにアジテートするのが、私の本当の仕事かもしれない。

(二〇〇七年四月号)

ボーちゃんが教えてくれたこと

長女の二人目の赤ちゃんが、わずか九週目で流産した。
「残念ながら、赤ちゃん、命がないんです……」。娘の主治医・池川明先生から電話があったとき、まさかの事態に私はうろたえた。「冷静でいたつもりでも、先生と何をどう話したのか全く記憶にない。ただ、池川先生の「流産もお産と同じ」という言葉が、繰り返し浮かんでいた。

話し合いの結果、自然に産むことを選択した娘夫婦。三日後、自宅で出産。生まれたボーちゃん（そう呼んでいた）を小さなタッパーに入れ、池川クリニックへ。「きれいに生まれたね。ママに抱っこされてボーちゃんも喜んでるよ」と先生。その言葉に娘は癒され、悲しみは少しずつ解けていった。「短い間だったけど、ボーちゃんは私を選んで来てくれた。またいつか来てくれるよね」涙を流しながらも、娘は笑顔を見せた。

『リブライフ』

さらに三日後、娘と夫、長男のたっくん（当時二歳）、ボーちゃんは、沖縄の竹富島へ、最初で最後の家族四人の旅……。エメラルドグリーンの海で、ボーちゃんはタッパーから飛び出し、シュシュシュシュ〜と、広い海を泳いでいったという。

「幸せな流産」を経験した娘は幸い。もし池川先生と出会っていなかったら、社会の常識通り手術で処置をしたに違いない。最初は不安もあった。インターネットの情報は手術の方法や金額のほか、「自然流産には激しい腹痛が伴う」「大量に出血する」と、不安を煽《あお》るものも多かった。「すべての赤ちゃんは、使命を持って生まれてくる」と池川先生。だとしたらこの流産は、娘夫婦と私に、何かを伝えているのだろう。

本来、母親には「自ら命を産む力」が備わっているはずだ。だが経済重視の社会の中で、お産のあり様も変わってしまった。「安全」という大義名分のもと、母子の「産む力」「生きる力」を無視したお産が、堂々と行われている現実。医師から説明を受け、自ら納得したお産をしている母親は、どれだけいるのだろう。

母親力の低下は、社会問題である。そこに現代のお産が大きく関与しているとはいえないだろうか。ある意味、お産は、現代社会の縮図でもある。生まれる瞬間から管理された子どもたちは、学校でも、家庭でも管理される。それを窮屈と感じる一部の「感性」の強い子どもは、管理社会から逃れようとし、中には自ら命を落としてしまうこともある。子どもの心の叫びを聞けるのは、子どもの命を救えるのは、「母親」しかいない。

頭でわかっていたつもりの私も、娘の流産をきっかけに身にしみて考えさせられた。だからこそ、ひとりでも多くの母親たちの「母力」を蘇らせたい。世の中の常識や価値観ではなく、自分の価値観を信じることがすべてなのだ。

ここまで侵された世の中で、それは決して容易なことではないが、それこそ母親の使命たるもの。命の誕生の歴史を考えれば、世の常識が、いかに陳腐なものかは明々白々だ。神秘的な営みである「お産」を、真剣に考える時が来ている。（二〇〇七年五月号『リブライフ』）

恥じる文化の復活を

日本中を震撼させた福島の母殺しも、特別な子どもが起こした事件ではないという。普通の家庭に育った普通の子どもにいったい何があったのだろう。

耳を疑いたくなる、目を背けたくなる事件が連日のように起きている。何度も繰り返し報道されるこうした事件を、子どもたちはどう見て、どう感じているのだろう。

同じ頃、赤ちゃんポストに三歳の子どもが入れられた。マスコミの赤ちゃんポスト是非論に一層拍車がかかった。赤ちゃんポストがあれば「子どもが命を落とさずに済む」。いや、「子捨てを助長することになる」と……。

この報道にはなぜか合点がいかなかった。それを語る前にすべきことがある。そんなものをつくらなければならない社会にこそ問題があるとは、誰も語らない。発信すべき情報は、もっとほかにあるし、できることもたくさんある。

そのことに気づかなければ、何の解決にもならない。「まさか、三歳の子どもが捨てられるとは……」と国のトップは口にしたが、この発言がどれほど愚かなことか。赤ちゃんならば、ポストに入れられていいのか……。大人の身勝手な論理。

昔の人は「子は宝」と、大事に大事に育てたもの。そこには、かけがえのないものへの愛おしさや慈しみの心があった。大切なのは、家族であり、愛であったはずが、いつの間にか、お金や名誉に変わっていった。

生きることに必死だった時代。人々は命を尊いものとし、大切にした。戦争当時、息子を戦地に送る母の心境など想像に及ばない。その母は、自らが生きている限り、必ずや世界平和を祈るだろう。「人の痛みを感じない」今の日本をつくったのは、政治家でも誰でもない、私たち自身。

美しい日本を語る前に、その貧しい心を、恥じなければならない。

ベートーヴェンオーケストラの『田園』を目の前で聴いたとき、楽曲のあまりの美しさに心が騒いだ。人々の心を感動させるものは何か。それぞれの楽器が放つ音色の美しさはもちろん、八十名の演奏者が一人として我のみを主張せず、絶妙なハーモニーを奏でる様。仲間との「間」、そして指揮者と楽員一人ひとりの感性の共鳴だ。

森の中に立つと、同様の感覚を覚えて不思議に思った。木々の立ち姿に惚れ惚れする。なるほど、周囲と一定の距離感を保ちつつ、バランスよく根を張り、葉をつけている。その美しさは、まさに芸術といえるだろう。与えられた環境の中で、お互いが生きていくための秩序とルールによって、ごく自然に共存している美しさである。

今の社会は、そのバランスが見事に崩れてしまっている。水や土、陽の光。それらを与えられることのない子どもたちが、飢えていくのは当然だ。子どもたちの心がどんどん冷めていく。どんどん凍っていく。

子どもたちは、本来、よく生きるために生まれてきたはずなのに。


（二〇〇七年六月号）

蛙になってわかったこと

「お母さん大学開校宣言！」以来、ますます自分が変わりつつあることに気がつく。たとえば一つひとつの出会いや事柄を丁寧にとらえ、考えるようになった。肩書きや見た目の判断ではなく、物事の本質を見るようになった。周りの評価ではなく、すべては自分に問いかけるのだ。

「お母さん大学」は損得ではなく、絶対に必要なこと。大事だからやるだけ。あとはどれだけ楽しんでやるかなのに、意味もないことに悩んでいた。そして、悩んでも誰も助けてはくれないことも学んだ。いつだって答えを出すのは自分である。

「お母さん大学とは、お母さんを感じるプロジェクト」と言ったら、「こんなに毎日、母親をしているのに、まだこれ以上母を感じるなんてしんどい」という人がいた。

これが現実の子育て社会。いや、母親たちが感じているのは、本当の子育てではない。

『リブライフ』

子育てはもっと楽しくて偉大なもの。もし、多くの母親たちがそのことに気づいたら、どんなに素晴らしいだろう。それこそ、生きている自分を感じ、喜びに満ちた人生になる。

そのことをより多くの人に伝えるのが「お母さん大学」である。母親を教育するとか社会を変えるとか、そんな欲深いことではない、もっと心地いいこと。

うれしいことに「お母さん大学開校宣言!」に対し、「何かできることはないか」とたくさんの声をいただいている。中には、これまで（仕事ばかり）の人生を悔い、懺悔?　の意味を込めて「何でもやります」というシニアも多く、「お母さん大学」に懺悔事業部ができそうな勢いである。

面白い話がある。

絵本の読み語り「きよの絵本劇場」を主宰する清野友義氏の『ブンナよ、木からおりてこい』（原作・水上勉）の中に、明日にでも鳶のえさになろうかという蛇や鼠や岩蛙たちが、捕われの身同士「母を自慢し合う」シーンがある。それぞれが母を語ると、何ともいえないやさしい空気がその場を包んだ。数時間後には鳶のえさになるやもしれぬ状況下で、母を感じる生きものたちが共感（響感）し合うことのすごさだ。

しかし次の瞬間、蛇が鼠に食いついた。残酷だが、生きていくということはそういうこと。どんな生き物にも母親がいて、それぞれに命の大切さを伝え、生き様を見せては死んでいく。しかし人間はどうだ。果たして、母親としての、その大切な使命を果たしているのかと、作者の心の叫びが聞こえる気がした。

ブンナは蛙。物語でブンナは、生きものたちの語らいを穴の中でじっとして聞いている。物語を読み進めるうちに、私はいつしかブンナになっていた。

清野氏が子どもと共感（響感）する中で感じたものは、これからの時代に絶対に必要なもの。清野氏いわく「お母さん大学」は老若男女響学。大いに学ぶこと。楽しい学びの場を一緒につくりませんか！


（二〇〇七年七月号）

『リブライフ』

夏休みの宿題

『ブンナよ、木からおりてこい』（水上勉・若州一滴文庫）という一冊の童話。どんな作品かは、皆さんがこの本に出会ってからの楽しみとして、ここではあえて伏せておく。娘にブンナのことを話そうとして、読後の私の尋常ではない様子に、言葉をさえぎられた。これからブンナを読むのだから「ストーリーは言わないで！」と。ブンナを読み、眠っていた（枯れていた）心が息を吹き返した。

何より驚いたのは、水上氏が、本の巻末に「母たちへの一文」を記していたことだ。氏はこの作品を母親たちに向けて書いたのだろう。その中に「母親や子供とともに、この世の平和や戦争のことを考えてみたかった」。さらに「子供がよりぬきんでたい、誰よりもえらい人間になりたい、と夢を見、学問にも、体育にも実力を発揮し、思うように他の子をしのいでゆくことの裏側で、とりこぼしてゆく大切なことについても、いっしょに考えてみようと思った」とある。

水上氏は実に三十年も前から、現代の学歴社会や経済中心の社会が、子どもたちに及ぼす影響を案じていたのだ。

文豪・水上勉が、子どもに話をするのが好きだったということを、知っている人はどれほどいるのだろう。戦争が激しい時代に、娯楽もなかった村の分教場教員として、子どもたちとともに芝居をしたり、創作童話を聞かせたりして過ごす日々があったという。

子どもたちに絵本を読み語る「きよの絵本劇場」の清野友義さんに、水上氏が「ブンナをよろしく！」とバトンを渡した意味は何だろう。清野氏はブンナとともに「命の大切さを伝える」全国行脚の旅に出て、三十年もの間、子どもたちに語り続けた。しかし、志半ばにして一昨年、脳硬塞に倒れた。（現在は車椅子の身だが、リハビリの甲斐あって、昨年復帰公演を果たした）。

偶然か必然かわからない。清野氏と出会い、そして、ブンナと出会った。ぐらぐらと崩れていくこれまでの価値観。その深いところにある何かに、喜びを感じている私がいた。「母親たちに伝えるべきことは何？」「お母さんとは何？」というお母さん大学の究極のテーマと重なった。

ああでもない、こうでもないと「お母さん大学」を頭で考え説明するよりも、ブンナを読んでもらったほうが早い。そこから何かが始まるだろう。今こそ、「子育ての原点」に還るときだ。

まずは、十七年間の活動を通じて出会った百八人に、この本を贈ろう。ひとりで悩んでいても、始まらない。百八人の皆さんと感動したい。そこから何かが始まるだろう。「お母さん大学」から皆さんへの夏休みの宿題だ。感想文ではなく、感動文を集めよう。


（二〇〇七年八月号）

奇怪な行動をする私

「お母さん大学」をやります！　と、いつものノリで宣言したものの、カタチにならないことに苛立ちを感じていた。周りはそんな私を心配したり批判したり、いろいろしてくれる。

確かに、これまで企画やアイデアの勝負ならわりと自信があったし、子育て情報だったら、どこの誰にも負けないという自負もあった。その私が、こと「お母さん大学」に関しては、いつになく優柔不断。思いがあるのに動けず、悶々としてしまう。そんな慎重な自分がいたことに、我ながら驚いてもいる。

「お母さん大学」を、企画書や事業計画書にすればするほど、陳腐なものになっていく。お母さんの素晴らしさは、データやマニュアルで伝えられるものではないし、そんなレベルじゃない。母親という存在は、もっと深くて大きいのだと、心で叫んでいる私がいた。

そんなときに出会った一冊の本『ブンナよ、木からおりてこい』（水上勉作・若州一滴文庫刊）。この出会いは「感動」という言葉で表現しても足りないくらい。むしろ「お前は今まで、いったい何をして来たのか!?」という内なる声が聞こえてくる。

ブンナは私に、「もっと母親（人間）である自分に向き合え」と言ってくれているようだ。そんなとき久しぶりだったが、ある母親から「ブンナを読んだ」と連絡があった。

実は彼女は病気で、自分の身体が、いつどうなるかわからないという爆弾を抱えている。だが、そのことには、一切不安を感じないという。

今までの私だったら、信じられない言葉。しかし、今ならわかる。それは、母である彼女の心が、しっかり子どもたちとつながっているからだ。無論子どもたちも、その母を、しっかり感じているに違いない。人間として次世代に大切なことを伝えられた人は、穏やかな最期を迎えられるのかもしれない。なぜなら、本来、それが生き物の業であるから。私も、そんな母になりたい。

以前本で読んだが、あるインディオの村では、女の子が十四歳になると一年間、村はずれの小屋で一人暮らしを強いられるという。その間、会えるのは母親だけ。母親は娘に、生きるためのすべての講義をするのだという。原始的だが、これこそ「お母さん大学」の原点である。

現実、多くの母親たちはその意識もなく、教育のほとんどを他者に依存している。子どもの心は育つどころか、どんどん消えてなくなりつつあることさえ、気づかずにいる。

母（人間）である私たちには、次の世代に伝えるべき大切な仕事がある。この、人間を創造する偉大な「母力」を、母親たち自身が感じることができたら、世の中は大きく変わるだろう。経済社会を崩すほどの「母力」。すべての人にとっての幸せな未来づくり、そのカギを握っているのは「お母さん」。

ますますわからない「お母さん大学」に燃えている私。人生のある時期、こんな奇怪な行動をとってしまう自分もあながち悪くないなと、この今を楽しんでいる。すでに学びの場「お母さん大学」は始まっている。

（二〇〇七年九月号）

お母さんが感動する場

編集部に届いた一枚の写真。

そこには、真剣な顔で慣れないミシンに向かっているお母さんたちの姿があった。いまどきの子育ての日常には、あまり見られない光景。

それは、大阪友の会幼児生活団での一場面。幼児生活団については、以前『リブライフ』

フ』で特集したことがある。

一九三九年、日本初の女性ジャーナリストで教育者である羽仁もと子氏が、「よく教育すること は、よく生活すること」を理念として創設した自由学園幼児生活団に端を発し、現在では「友の会幼児生活団」として、全国十二か所で展開する、幼児教育の場である。

偶然にも、そこに通うひとりのお母さんをきっかけに、大阪と熊本という二つの生活団を訪れる機会を得たが、不思議な縁を感じている。

両方で感じたのは、そこにいるお母さんたちが皆、それぞれに自分が母親であることの喜びを、しっかりと感じていること。当たり前でいて、今の社会では奇跡に近いことである。

女性が結婚し、母親になる。この、ごく自然の流れが時代の変化とともに崩れてしまっている。自給自足の生活から貨幣経済のしくみが生まれ、人間は「もっと、もっと」と、次第に果てしない欲望の渦に飲まれていった。

人々は便利で豊かな生活を望んだが、それは教育の現場でも同じ。もっと高い点数を、もっと良い成績をと、誰もが上を目指してがんばった。だがそのために失ったものの大きさを考えると、恐ろしくなる。

本当の豊かさの意味がわからないから、子育ての喜びよりも、苦しさのほうが先にきてしまう。それが、現実だ。

母親が、お母さんである喜びを感じずに、いい子育てなどできるはずがない。本来、日々の生活の中で学ぶべき子育ての価値観が、生活の場にも、教育の場にもない。

生活団のお母さんたちは、毎日の生活の中で子どもの素晴らしさを発見している。「子どもを見ていると、ついうっとりしてしまう」とは、ひとりの母親の言葉だが、その感動があればこそ、母である喜びや自信が生まれるのだろう。

もっとすごいのは、生活団のお母さんたちは、みんな次々に子どもを産みたくなるという。だから、子だくさんが多い。いまどき、なんて素敵なことか。

さてミシンといえば、昔からあまり「母親」していない私も、三人娘にスカートを縫ったことがある。近所に子どもの服は全部自分でつくるという人がいて、教えてもらった。

『リブライフ』

つくる途中も楽しかったが、完成したときは最高にうれしかった！　不格好な出来だったが、娘たちが母の手づくりを大仰に喜んだ記憶がある。一枚の布がカタチになるまでに、たくさんの感動を味わった。

生活団のお母さんたちがよく使う「励む」という言葉は、私も大好きだ。とても大切なことだと思う。大いに励み、大いに感動する。

これこそ、私が目指す「お母さん大学」に通じるもの。だからこそ、この出会いに感謝したい。きっと未来につながるだろう。

（二〇〇七年十月号）

物事の本質がわかる人間に

スタッフAには、中学三年生になる息子がいる。先日、学校の授業で、興味のある新聞記事を切り抜き、コメントを書いて提出するという課題が出された。

彼は『朝日』や『読売』新聞ではなく、『リブライフ』の「少子化」についての記事を切り抜き持参した。それが失敗だった。さらにコメントには、「少子化の原因は、お母さんの意識」と書いた。

ところが戻ってきた回答用紙には、大きく「C」とあり、「母親だけの問題か考えてみよう」とコメントされていた。息子は、その宿題を母親に見せずに、黙って机の中にしまった。偶然その回答用紙を見たAは、息子がそのことを何も告げずにいる意味を考えた。

「父親にも、社会にも問題はある」と先生は言いたかったのだろう。「そんなことは当たり前であり、究極の答えを息子は書いたのだ」と先生に抗議したい気持ちを抑え、息子にも「この答えはどういう意味で書いたのか」「この採点について、先生に抗議しないのか」と尋ねたい気持ちはあったが、胸におさめたというA。

学校では「教育に新聞を」というキャッチフレーズの、新聞を活用したNIE(newspaper in education)という学習活動が盛んである。

数年前、あるNIEのシンポジウムにパネラーとして参加したときのこと。同席した先生(新聞関係者・有識者)方に、「NIEの活動に、大手の新聞だけでなく、地域やミニコミ紙も活用してほしい」と語った。が、「地域の新聞やミニコミ紙は、正しい新聞かどうかわからない」と言われた。

それを判断するのが教師の仕事だろう。しかも大手の新聞であれば、間違いがないというのか。とんでもない。間違いどころか、政治や経済に操作された記事のなんと多いことか。

教えるのであれば、新聞の記事だって正しいかどうかわからない、事実と真実は違うのだということまでを、子どもたちに教えてほしい。ノンフィクション作家・柳田邦男の著書『人の痛みを感じる国家』（新潮社）に、こんなことが書かれていた。

ある障がいを持った子どもが就学時検診で、先生から質問をされた。「お父さんは男です。では、お母さんは何ですか？」と。当然、答えは、「お母さんは女です」。しかし、その子は、こう答えた。「お父さんは男です」、そして、「お母さんは大好きです」と。

もちろん、答えは×。けれども「お母さんは大好きです」は、その子にとっての真実であり、十分に物事の本質をあらわしている。それをただ×とするのが今の教育だと、柳田氏。

同様に、リブライフの「お母さんの意識」も、十八年間、子育ての現場で必死で活動してきた母親たちが、感じて書いた言葉であり、物事の本質以外の何物でもない。

さて、そのことを母に言わなかった彼の気持ちは深い。だからこそ、母も何も言わない。子育ては深い。それを教えるのが、真の意味での教育だと、私は思う。


（二〇〇七年十一月号）

母なる偉大なDNAを呼び起こす

子育て真っ最中の頃、大学の通信教育を受講していた。白状すると、勉強がしたかったわけではない。子育てをしている「母親」だけではなく、ひとりの「私」でいたかったのだ。全く不届きな話。卒業までに十年かかった。

その間に三人の娘が生まれたというのは言い訳だが、卒業式には三人を連れて出席。卒業証書よりも、娘たちが一人前に歩けるようになっていたことに感動したのを覚えている。

当時、勉強時間欲しさに、子どもたちを少しでも早く寝かせようと涙ぐましい努力をしていた私。

あるときは、昼寝をさせずに夕飯を早くして、八時に床につかせるという作戦。末娘は限界で、居眠りしながら夕飯を食べた。悪い母親だと後ろめたさを感じながらも、ようやく手にした自分の時間。だが一日の疲れは私も同じ。机についても、一ページもテキストを読まないうちに睡魔が襲った。

大学を卒業しても三人の子持ちに仕事はない。いったい、何のために勉強したのだろう。だが、そのおかげで、トランタンネットワーク新聞社がスタートした。「子育て中は何もできない」から、「子育て中だからこそできること」と発想を変えると、一気に人生が変わっていった。子育てという環境が、今の私をつくったといってもいい。

それを明確にしてくれたのは筑波大学名誉教授、村上和雄氏の『生命の暗号』（サンマーク出版）。氏によると、遺伝と環境の相互変化によって「人は人となる」。

つまり、私の場合、子育てという環境から、それまで眠っていた遺伝子スイッチが

「ON」になり（目を覚まし）、さらに新聞をつくるという環境によって、母なる遺伝子のスイッチが「強」になったというわけだ。私の中にある「お母さん」（人間）という遺伝子か、DNAかわからない、見えない「何か」にワクワクしている。

氏の言葉によると、人間の体内には六十兆もの細胞があり、その膨大な生命群は、ぎっしり隣接しながらケンカも混乱もせず支え合って生きている。

だが地球上の人間は、ケンカやいじめを繰り返し、訴訟、戦争と、トラブルが絶えることはない。体内の小さな生命たちは、見事に調和して、それぞれ自律的な生命を営みながら互いに助け合って組織をつくっているというのに。

偉大なる生命。何億分の一の確率で誕生する人間の命。そして、神の技を持つ、母という偉大なる存在。

「お母さん」について、とことん追究したい。スイッチがONになると、不思議とこれまで関心のなかったものに興味がわいてきたり、物事の本質が見えてきたり。今までとは確実に違う「何か」が、私の中で蠢《うごめ》き始める。

学び……広大な未知の世界へ続く道、そして出会いの一歩。日々の生活の中で「母」

『リブライフ』

である本当の喜びを感じること。日本中のお母さんたちの「母なるＤＮＡ」のスイッチをＯＮにするのが、お母さん大学の役目かもしれない。

感動は、母親たちのすぐそばにある。

（二〇〇七年十二月号）

心を大いに揺さぶるもの

生きていると、いろんな出会いがあるものだ。ついこの間まで文学の世界など無縁だった私の机には今、『水上勉全集』（二十六巻）が並んでいる。ネットオークションで格安で手に入れた「宝物」だ。

昨年の夏、一匹の「ブンナ」というトノサマガエルが、私の人生に直球で飛び込んできた。これまでカエルに愛着など持ったことはない。はっきりいって、嫌い。それなのに。『ブンナよ、木からおりてこい』（若州一滴文庫刊）は、三十年前に水上氏が書いた童話。

本の最後に、あとがきと並んで「母たちへの一文」が記されていて感動した。が、当時、「この作品は母親たちから総すかんを食らった」と、氏はどこかに書いていた。舞台では劇団青年座が、これまでに全国で（海外でも）一二〇〇回も巡演している。知る人ぞ知る作品だという。

今年は三十年ぶりに、ブンナが冬眠から目覚めそうな予感。地球温暖化で生物の生存も難しい時代。ブンナはあの日のように、夢を持つことができるのか⁉ 先日は『日本経済新聞』の「半歩遅れの読書術」というコーナーで、作家の黒井千次氏が「腐れ縁の本を読む」と題し、この物語を紹介していたが、「腐れ縁の本」とは言い得て妙。さぞかし水上氏も、天国でにんまりしていることだろう。

さらに二月には、宮本亜門プロデュースによるミュージカル「ブンナよ、木からおりてこい」が、ワシントンＤＣで行われる「ジャパン！ カルチャー＋ハイパーカルチャー」で上演される。

先日、おかしな夢を見た。私が、お会いしたこともない水上先生の介護をしている夢。先生の枕元で薬（十種類以上の錠剤）を並べているのだが、私のあまりの不器用さに不安を隠せず、横目でチラチラとこちらを見る先生。夫の夢さえ見ないのにと、目覚めて「ふっ」とおかしくなった。

ブンナの出会いがご縁で、先日、ご長女が住む信州にある先生のご自宅を訪問し、療養しながら執筆されていた部屋も拝見した。きっと私の中で、先生の数々の作品と、そのときの様子がオーバーラップし夢幻化したのだろう。

水上先生は、私の中で毎日生きている。が、私の中では文豪＝水上勉ではなく、人間＝水上勉。人間とは何か、生きるとは何かを、直球で投げてくれる人。

この原稿を書いていたら、偶然にもご長女から電話が…。その偶然にまた笑ってしまった。きっと、天国の水上先生も一緒に、ワシントンDCに行くだろう。どんなブンナが演じられるのか、じっとはしていられないはずだ。

私の机の上に、でんとして並んでいる『水上勉全集』。そして傍らには、大好きなTUBEのパネル。大概の人がそのアンバランスを笑う。

確かに、日本海の暗く寒い冬のイメージの水上勉と、青い空と海をイメージするTUBEは、ミスマッチ。だが、共に私の心を大いに揺さぶるもの。不思議とパズルのようにピタッとハマる快感を覚えるのだ。

（二〇〇八年二月号）

キラキラ輝くお母さん星

お母さんたちがつくるお母さんたちの情報紙『お母さん業界新聞』が、ウェブと紙媒体でスタートする。

全国のお母さん記者たちが、「お母さん大学」トライアルサイトで、二週間ほど前から発信を始めている。何を発信していいのかわからず立ち止まっている人、不安そうに周りの様子を見ている人、慣れないパソコン操作に寝不足でダウンした人。毎日さまざまなドラマが生まれている。いよいよ、お母さん大学の始まりだ。

お母さん記者の中で、顔が見える人はごくわずか。普通なら、会ったこともない人たちと、ひとつの新聞をつくるなんて考えられない。が、不安はない。

なぜなら私と記者たちの間には、ひとつだけ絶対的な共通項がある。それは「お母さん」。ひとりの人間であり、偉大なるお母さんだ。最初はみな戸惑うだろう。だが、お母さんであればわかる。

先月、一週間ほど海外へ出かけたときのこと。お母さん記者たちが発信を始めたばかりだったので、パソコンを持参し常時サイトをチェックするつもりだったが、ＰＣ環境の問題でアクセスできず断念。遠い国でみんなを思った。

が、帰ってきてびっくり。その間ちゃんとサイトを守ってくれているお母さんがいた。私たちがいない間、一生懸命に発信してくれていたのだ。

こんなことを彼女に言えば、「そんなつもりでは……」と言うだろう。でも私には、留守を守ってくれていたことがはっきりとわかる。それは「見えない共感」以外の何物でもない。また、手を挙げた仲間の一人としての責任も、彼女の中にはあるのだろう。

自分さえよければいいというこの時代、そんなことを、お母さんたちが当たり前に感じられる場をつくりたい。もっといえば、そんな地域、そんな社会をつくっていきたいと思っている。

新聞をつくることが目的ではない。その過程で出会うすべてのことが、まさに「お母さん大学」の学びである。

記事は文章力ではなく、「母力」で勝負。どの記事にもお母さんのエネルギーが漲《みなぎ》っている。一人ひとりのお母さんの「思い」は、輝く星。その一つひとつを読んでいると、夜空にキラキラと輝いている星のように思えてならない。

また、ある一人のお母さんの発信。子どものアトピーで苦しみながらも、思いいっぱいで発信していた。「私がアトピーを治す！　お母さんが治してあげる。今、苦しくて痛いけれど、お母さんが治してあげるからね」と。きっとこのお母さんは、子どもを守る。みんなで応援しよう。

いよいよ「お母さん大学」サイトの公開だ。トップには、お母さん記者たちが発信する『お母さん業界新聞』。その燦然《さんぜん》と輝く星（記事）たちを、日本中のお母さんに届けたい。

満天のお母さん星が、子どもたちを輝かせる。


（二〇〇八年三月号）

『リブライフ』

第三章

『お母さん業界新聞』

（一九九九年五月号〜二〇〇三年四月号）

お母さん、甘えないで

二十一世紀を前に、有識者、専門家たちが少子化の問題を盛んに論議している。ちょっと待って、子育ての専門家は本当はお母さんのはずだ。

ところが現実には、お母さんたちの「子どもがいるから何もできない」「社会が悪い」「子育てを支援してくれない」など、不満の声が渦巻いている。

お母さんは、甘えていないか？　なぜ、お母さんになると、「支援される人」になってしまうのだろう。独身時代は、何をするにも自分で判断し、行動し前を向いて走っていた。ところが、結婚、母親というレールに乗ると、いとも簡単に弱者という駅にたどり着く。お母さんという枠の中でしか、物事を判断できず、誰かが助けてくれるのを待っている。

子育ては人生の大事業だ。だから大変で当たり前。「できない」と、弱音を吐く前に、まずは一歩踏み出してみよう。子育てしているからこそ、強くなれること、気づくことがたくさんあるはずだ。

　子育てに夢が持てる二十一世紀社会の実現は、お母さんがカギを握っている。そのためには、まず自分で努力する。欲しいものは、自分の手でつかむ。今、子育てをしているお母さんたちから、社会を変えていこう。支援されるお母さんから、アクションするお母さんへ。

（一九九九年五月号）

お母さんはあてにならない

　先日、お母さん向けの講演会があり、その予約申し込みに八百名以上が殺到した。当然、主催者はこのことを喜び、万全の準備を整えた。

　講演会は無料ということもあり、一〇％のキャンセルを見込んでいた。この数字は、通常、イベント時に主催者側が考える見込み数値だ。そして、当日が雨の場合は二五％、子連れの場合、数値はさらに上がることもある。

ところが、講演会の当日の参加者数は三百名に満たなかった。この六〇％以上が欠席するという驚くべき事態に、関係者は口を揃えて、「やっぱりお母さんはあてにならない」と言った。ちなみに、この日は快晴だった。

講演会に行きたいと思い申し込んだことは、事実だろう。しかし、これだけの母親たちが、いとも簡単に講演会に行くことをやめたことを、子どもや自分の都合だけで、仕方がないと済まされるのだろうか？

一人の母親にとっては、些細なことでも、社会全体から考えると、それが母親全体の評価の対象となることに、気づいてほしい。「子育て中だから仕方がない」の常套句は、もう通用しない。男女雇用機会均等法は、世間の男女差をなくすために改正された。お母さんは、ひとりの社会人であるということを忘れてはいないか。（一九九九年六月号）

お母さんを甘く見るな

お母さんの新聞にどうして広告が入っているの？　他業界人はこの手の質問をごく当たり前のようにする。「お母さんの新聞」には子育てや家事のことが書いてあるのが普通で、広告が入っているだけで不自然らしい。

何をするにも経費がかかる。それは、当然のことだが「お母さんの新聞」には通用しない。この『月刊お母さん業界新聞』を全国のたくさんのお母さんたちがボランティアで配布している。可能ならボランティアのお母さんたちにも、ギャラを払いたいくらいだ。

社会は「お母さん」という枠を否応なしにつくる。そして、その枠から少しでも出ようとする母親たちに牙をむく。しかし、それは母親たちにも非がある。長い慣習の中で、母親自身もその枠を自分たちの砦だと甘受した。

二十一世紀は大きく変わろうとしている。不況社会、少子高齢化社会の到来。それは、幸か不幸か、一方的にお母さんという市場に参入してくるだろう。そのとき、お母さんは子どもを守りながらも、社会の一員としてアクションを起こさなければならない。だからこそ、自分の足元をしっかり見据えていきたい。

「お母さんの新聞だからこそ、トップ広告がビールなんですよ」と、さらりと応えるくらいの品格（センス）が欲しいものだ。わかる奴には、わかる。（一九九九年七月号）

夢を描いて何が悪い

お母さんが夢を実現しようとすると、目の前にはたくさんのハードルが待ち受けている。しかも四方八方がんじがらめ。「子どもがかわいそう」「わがままだ」「子どもが大きくなってからにすれば」、そして、決め台詞は、「子育ては母親の仕事だ」。

その声は、男社会からだけではなく、残念ながら同じように子育てしている母親やかつて子育てをしてきた先輩のお母さんたちからも聞こえてくる。「みんな我慢してきたんだから、あなたも我慢しなさい」と。ほんのわずかな時間、子どもを預けることさえできない母親の叫びは、母親業を経験した人こそわかるはずなのに。

母親が夢を描くことを許さない社会の中で、一歩踏み出すことは確かに大変だ。しかし、子育てという大事業をしているお母さんなら、きっとできる。

「今、お母さんは、夢を描いているんだから、じゃましないでね」。子どもは母親の強く真剣なまなざしに一瞬震えるが、必ずや母の勇姿に、願いを重ねるだろう。あなたが夢に向かって、両手を広げて飛び出そうとする姿を見せることこそ、あなたにしかできない最高の子育てだ。

（一九九九年八月号）

チャンスをつかめ！

不況社会は、家庭にも少なからず影響を及ぼしている。お母さん業界では、「子育てに夢が持てない社会」と嘆いていたが、社会は子育てどころか、生活することさえ不安な時代になってきた。お父さん業界人も、家ではビールを発泡酒に変えた。

一方、今まで多くの女性たちがフェミニズムを提唱してきたが、家庭に浸透する前にフェードアウト。経済的自立と精神的自立の定義がお互いをけん制。しかし、その結果、自立は理論では語れないことを知った。

「自立」を別の言葉に置き換えると「自由」だと言った落合恵子氏。妙に納得できる。つまり、自立とは、自分の意思で発言し、そして行動するということだ。

お母さんが一歩を踏み出すには、さまざまな困難が目の前に立ちはだかる。しかし今、社会は他人にあれこれいうほど暇じゃなくなった。三歳児神話や公園デビュー、もうそんなレベルで悩むときではない。二十一世紀はすぐそこまで来ている。

だから、今がチャンス！　一歩を踏み出すお母さんのチャンスの時だ。社会はお母さんを必要としている、あなたを必要としている。ただし、安売りするな。お母さん業界人は価値ある存在だ。

夢が描ける二十一世紀の実現は、お母さん業界がカギを握っている。だからこそ、潔く、スマートにお母さんしよう！

（一九九九年九月号）

お母さんじゃ、通用しない

「主婦三年すると使いモノにならない」という言葉がある。

独身時代、それなりに責任のある仕事をしていた時期もあったはずだが、主婦になった途端、社会では通用しないルールを身につける。女は結婚し家庭に入ると、与えられたひとつのレールに乗る。安泰という名のレールは、自分が壊さない限り一生続く。多くの女性が選ぶひとつの幸せのカタチ。

子育ても家事もすべて自分流で事が済む。他人から強制されることは何もない。家庭におけるすべての決定権を持つ主婦は、まさに家庭の中ではトップ経営者だ。

ところが、一歩社会に出ると、その神話が見事に崩される。お母さんはどうして社会では通用しないのか？　お母さんは、自分中心の時計しか持っていない。相手に合わせることもない。もちろん、社会と自分というポジショニングを意識する必要もない。そんなお母さんを社会は認めない。

ところが幸か不幸か、社会のしくみは、地域をターゲットに動き始めた。その地域とは、子どもたちが成長していく場所。そして、自分たちが年老いていく場所。

だからこそ、今、お母さんの出番だ。地域をつくる仕事は、お母さんの大事業だ。お母さんを社会に通用させるのは、お母さんだ！　必ず、お母さんを通用させてみせる…。

（一九九九年十月号）

子育て支援はいらない

ある講演会で、地域でアクションを起こしているお母さんたちのシンポジウムがあった。それぞれのお母さんの元気な発言が終わり、司会者がゲストである専門家にコメントを求めた。先生はマイクを持つ手を震わせ、コメントのしようがないという顔をし、言い放った。

「ここにいるお母さんたちは特別なお母さんです。私の知っているフツーのお母さんたちは、子どもをどう育てていいかもわからず、悩み苦しみ、中には虐待にまで進んでいる人もいる。そんなお母さんたちをどう救うかが、これからの子育て支援…」。

いいえ、いいえ。ここにいる母親たちはみなフツーのお母さんたちだ。子育てに悶々としながらも、そんな自分を乗り越えたいと、夢に向かって一歩踏み出したばかり。ここまでには、冷たい地域や人々にもがき、あえぎ、時には泣いた日もあったはず。

本来、母親は「生きる力」を持っている。それは、子どもを育てる日々の中で、さまざまな経験を積んで体得し、熟成させていくものである。しかし、世の中はすべての母親をひとくくりにし、「子育て支援」という呪縛で包み込んでしまう。

母親は弱者ではない。ひとりの人間を産み育む、素晴らしい力を持っている。大切なことは、その母親の素晴らしさを認め、勇気を持たせること。それが、真の子育て支援だ。

何より、子育てに悩んでいる母親に一番近いところにいるのは、地域の母親たち。同じ立場の母親だからこそ、悩んでいる人の痛みがわかる。どんな専門家のアドバイスよりも、等身大の母親たちが夢を描き、悩みながらも一歩踏み出している姿は、最高の情報であり学びである。

中途半端な子育て支援はいらない。これからは、地域でアクションしているお母さんたちが、未来をつくる。

（一九九九年十一月号）

子育てをつべこべ言うな

さっきまで元気だったのに、子どもは突然熱を出す。子どもは年中けがをする。いつも跳びはねているから。お母さんが気をつけていないから？　熱に限らず、子どもの病気やけががはいつもお母さんのせいになる。

公園でふざけていた子どもが、転んでけがをした。ひざをすりむいただけなのに、「お父さんに内緒よ」と子どもに口止めしているお母さん。ふざけた子どもが叱られるのではなく、子どもにけがをさせてしまった母親が怒られるからと言う。子どもは誰といても風邪をひくし、注意をしていてもけがをする。

子どものことは何でもお母さんに任せて、うまくいって当たり前。何か問題があれば、すべて「お母さんのせい」になる。マスコミの報道も、子どもの事件や問題はすべて母親の責任。そのとき、父親の存在は薄い。

子どもは宝、子どもは社会のものといっても、しょせん「お母さんしっかりしてよ！」の声が社会から飛び交う。

お母さんは、子育てという大事業をしているんだ。だからもっと自信を持って。子どもを守り育てる母親だからこそ、周りに言わせない。堂々と自分らしく子育てすればいい。凛とした態度で子育てをする。社会につべこべ言わせないためにも。

（一九九九年十二月号）

夢に向かって、とことん走れ！

トランタン新聞社が企画した「ブラボー子育て21プロジェクト」の「家庭保育園」が、いよいよ開設される。

五十人近いお母さんたちが地域で子育てをしながら、再出発に向けて、飛び立とうとしている。不安と期待を胸に。子育ての経験と自分の個性を生かすことが、この「家庭保育園」の狙いだが、それだけではない。たとえば、園を運営していくために、保育だけでなく、企画力、経営力、交渉力、営業力などがお母さんたちに必要になってくる。「自立」という言葉になじめないお母さんたち。子どもを預かることを通じて、生活の中で生きる力を身につける。

先日の音羽事件は、母親同士のコミュニケーションのゆがみから起こった悲しい事件だった。もう社会が悪いとか、子育ての環境が悪いとか、悠長に語っている場合ではない。子育てをしている母親だからこそ、今が踏んばり時だ。

価値多様化の時代、お母さんがそれぞれの個性を生かし、生きる知恵（ノウハウ）を身につける。これこそ「お母さんの自立」だ。二〇〇〇年、夢をカタチにするために、走る。どうせ走るなら、とことん走ろう！


（二〇〇〇年一月号）

お母さんを安く見るな

ある大手広告代理店の若い男性が突然、わが社にやって来た。「イベントに協力してくれる子育てサークルを紹介してください」。

彼の話では、ある女性センターが少子化関連のイベントをやるので、その企画から運営までを依頼されたという。なんと、彼の会社以外にも、業者五社で入札するらしい。

企画書は、行政好みのワンパターン。予算は十分にあるから、テレビやマスコミで人気のタレントを招くこともできる。代理店に支払われる企画料は、相当な額に違いない。

彼は、子育てサークルの意味すら知らない。「お母さんの情報を簡単に教えられない」と言うと、不満気にさっさと帰っていった。

何のために少子化のイベントを企画するかといえば、少子化が及ぼす社会への影響が大きいから。少子化のためのイベントといいながら、彼らに依頼するのはなぜか？　子育ての経験も、知識もない人間に何がわかる。情報の発信者はマスコミではなく、生活者、つまり、子育ての現場にいるお母さんなのに。

二〇〇〇年は本格的な地方分権時代の幕開けだ。お母さん一人ひとりの声と、知恵とアクションで社会を変えなければ。行政と地域のお母さんが手を結ぶのは、今だ。

（二〇〇〇年二月号）

選べる自由と責任

東京都品川区は、四月から、自由に小学校を選べるシステムを導入する。この、画期的な教育改革に誰もが注目している。

登校拒否の小学生は、全国で二万六〇一七人（文部省平成十年度調査・三十日以上／年間）。不登校の理由はさまざまだ。

いじめの問題はかなり深刻だが、それだけではない。先生が嫌いで学校に行きたくない子どもが多いことは、意外に知られていない。

子どもは、どんな理由があっても学校を休んだり、やめたりすることは許されない。先生にも親にも文句を言えない。六年間を泣いて過ごす子どももいるだろう。なぜ今まで、学校を選べなかったのか？

経済社会では、生産者は顧客満足を唱え、消費者の声に敏感に反応した。時代は大量生産から個性重視の社会へ。ところが、教育現場は旧態依然としている。子どもの個性をなくしてしまう現代の教育のあり方を、母親として納得していいのか。

学校を選べる。そこに気持ちのいい自由がある。選ぶ基準は一人ひとり違っていい。だから面白い。小学校自由選択制は、教育を変えていく一歩になるだろう。

品川区を契機に、全国に広がることを望みたい。生徒が先生を選ぶ時代も遠くない。

『お母さん業界新聞』

大切なことは、自由だからこそ、選ぶ責任を問われるということだ。もう人任せではいられない。

（二〇〇〇年三月号）

子育て経験で勝負だ！

「保育士の資格もないのに、子どもを預かるなんて無責任すぎる。やっている人の気が知れない」、ついに来た。「家庭保育園」を真っ向から否定する言葉だ。いつだってそう。お母さんが一歩踏み出すとき、必ず遭遇するさまざまなハードル。

母親たちのアクションから始まった「家庭保育園」は、子育て中の母親が、自分の子どもを育てると同時に、地域の子どもも育てるというプロジェクト。これは、単なる保育事業ではない。お母さんの自立支援であり、子育てと地域を結ぶ架け橋になるのだ。

これまで、家庭という狭い世界で子育てをしてきたお母さんたちが、今度は、家庭保育園の園長として、地域で子育てをする。お母さんであると同時に、経営者にもなるわけだ。

子どもたちを地域で育て、守る。生き方を示す。ここで大切なのは、子どもを預かるお母さん自身がどんな生き方をしているかで、保育の資格は二の次、三の次だ。

母親の社会的評価はまだまだ低い。だが、子育ての経験や知識は、お母さんの誇り。勇気と自信を持って、社会に生かそう。

お母さんという資格を通用させるために、まずは実績だ。「子育て中だからできない」という常套句は、もう通用しない。だから、がんばれ業界人！　負けるな業界人！


（二〇〇〇年四月号）

『お母さん業界新聞』

お母さんはスゴイ！

ちょうど一年前、創刊号の八面六臂に「お母さん、甘えないで！」というコラムを書いた。この言葉が全国のお母さんに届いたとき、小さなウエーブが起こった。

この新聞を創刊したきっかけは些細なことだった。『トランタン新聞』という新聞をつくりながらお母さんに元気を発信し続けてきた十年目の夏。「お母さんて何?」と真剣に考えた。

そんなある日「お母さんは○○です」というゲーム(ブレーンストーミング)をした。「お母さんは太陽です」「お母さんはPTAです」「お母さんは働き者です」…。途切れることなく延々と、実に何千という数の言葉が出てきた。感動した。自分自身も母親でありながら、母親のすごさに身体が震えた。

これを日本中のお母さんに伝えたい。お母さんってスゴイんだ、お母さんは子育てという大事業をしてるんだって。だからもっと自信と勇気を持って子育てしようと。

未だ嘆かわしいのは母親の社会的評価の低さ。そしてその実、評価を下げているのは、私たち母親自身にほかならない。「お母さんは約束を守らない」「お母さんはあてにならない」「お母さんじゃ通用しない」。

子育てはひとりの人間を育てること。大変なのは当たり前。だからこそ価値がある。母親の最も大切な仕事は、子どもに生きる力(自立)を与えることだ。いつのときも、子どもは母親を見ている。

（二〇〇〇年五月号）

子どもはお母さんを見ている

子どもは親の背中を見て育つ。これは昔からよくいう子育ての決まり文句。

しかし、これでは子どもは母親の顔をきちんと見ることができない。母親にも苦しいときもあれば、泣きたいとき、辛いときもある。時には子育てより仕事を優先しなければならないこともある。そんな母親の生き方そのものを見せることが大切だ。

母親の背中では、真の姿は伝わらない。だからこそ、子どもに背中を見せるのではなく、正面から向き合おう。臆することはない。堂々とすべてを見せればいい。

いつの時代も、母親の意識や行動は、子どもに大きな影響を及ぼす。今の私の子育ては、果たして成功か失敗か。それは子どもが大人になったとき、判断すればいい。母親の子育てが失敗だと思えば、子どもは親の真似はしない。母親ならそれくらいの器量を持って、子育てしたい。

こんな話がある。子どもと二人で森の中を歩いているとき、突然、目の前に大きな熊が現われた。そのとき、あなたはどうしますか？

ほとんどの母親は、熊に背を向け子どもを両手に抱えて守るという。ところが欧米の母親は、熊に立ち向かっていくという。どちらも同じ子どもを守るという行為。どうせなら、潔く前を向いて子どもを守りたい。


（二〇〇〇年六月号）

少子化の主役はお母さん

今、全国各地の自治体が、男女共同参画宣言都市として、大々的なイベントを行っている。宣言した各自治体には、国から数十万円の予算が出されているという。

先日は某大手新聞が、各地の男女共同参画都市宣言を取り上げて、ある役場がお茶くみを廃止したという記事をセンセーショナルに紹介していた。

では、お母さん業界の現場はどうだろう？　働く母親の多くは毎日の家事と子育てに加え、厳しい環境の中で仕事をこなしている。

子どもの体調が思わしくないとき、職場にかかってくる電話に、学校や保育園からの呼び出しではと気が気でない母親。働く母親なら誰もが味わう経験。責任ある仕事に就いているならなおさらだ。そういう光景は、父親たちの職場ではあり得ない。

また一方で、子育てをしながら地域活動やサークル活動をする母親たち。密室育児の枠からやっと這い出し、社会参加の一歩を踏み出したものの、夫や家族の不満の声でやむなく活動を断念する人も少なくない。

社会も母親たちに「妥協する役割」を課してきた。問題は、自治体が男女平等宣言をし、華やかな講演会を開催することではなく、もちろん、声高にお茶くみ廃止を唱えることでもない。

大切なのは、むしろ、子育ての現場にいる母親たちに宣言させること。母親自身の意識が変わらなければ、いつまでたっても社会は変わらない。

（二〇〇〇年七月号）

母親の意識が子どもを守る

神奈川県大和市の保育所で起こった事件は、母親だけでなく、多くの人に衝撃を与えた。

このニュースを知ったとき、「なぜ?」という気持ちと同時に、事件がマスコミに踊らされ、ゆがんだ情報として広がることを危惧した。やっと母親たちが一歩を踏み出し始めたばかりなのにと、強い憤りを感じた。

事件に関しては未だ真相が解明されていないので、コメントを控えるが、現状の報道では認可保育園と無認可保育園、保育士の資格があるなしという次元で、情報や憶測が氾濫している。予想していた結果だが、大切なことはもっと別のところにあるはずだ。

少子化という大きな社会問題を抱えている二十一世紀の日本。確かに母親が安心して子どもを預けられる環境が必要だが、決して箱モノだけではない。だが実際は、「保育の質」より「保育の機会」をつくることに力が注がれている。

だからこそ、私たち母親は、もっと意識を持って行動しなければならない。保育者はどんな人か、子どもにとって良い環境か。それを見極める力が母親には必要だ。もちろん、個人の判断は必ずしも正しいとは限らない。時には判断を誤るときもあるだろう。

しかし、大切なことは、そこに母親としての意識があるかだ。それだけで、周りがぐんと変わる。お母さんはそれだけ力を持っている。

（二〇〇〇年八月号）

母親をその気にさせる

最近、市民が企画する講座が増えてきた。これは、一般の市民が企画から運営まで担当するもの。こうしたことに市民が関わることで、いかにも行政っぽい企画が少なくなるのは朗報だ。

先日、地方の女性センター主催で市民企画による講座が開かれた。開催は土曜日の午後と決定。一応託児付きにはなっているが、託児者は一人だけ。本当に預かる気持ちはあるのか。

企画したお母さんは、託児の枠をもう少し広げてほしいと頼んだが、簡単に断わられた。子どもは自宅にいる夫に預けるのが基本と、さすが、女性センターらしいアドバイス（台詞）だ。

しかし、多くの母親は子どもを夫に預けることさえできないのが現実だ。それが簡単にできる社会であれば、女性センターは必要ない。一歩踏み出せない女性たちを、どう自立につなげるか、それが女性センターの本来の役割ではないか。

まずは、もっとたくさんの母親が女性センターに来られるように、セミナーや講座は託児付きが基本。もちろん母親がその気になる楽しい講座だ。そこでつかまえた元気なお母さんたちがその気になれば、後はポンと背中を押してあげるだけ。男女共同参画社会やジェンダーは、二の次だ。

ハードルをぐんと下げて、目線はお母さんに合わせる。やさしく、やさしく。

（二〇〇〇年九月号）

力を貸してください

九年前の十月一日、ひとりの幼い女の子が母親の前から姿を消した。突然の出来事だった。幸せな家族が、一転して暗闇の世界へ。

活動を始めて十年目に、『月刊お母さん業界新聞』を創刊した。お母さんって何？　母親の原点に還ってみようと本気で考えた。母親の視点とジャーナリズムにこだわり始めていた。

そんなある日、心のどこかに留めていた、野村香ちゃんの事件が蘇った。ずいぶん前のことになる。当時五歳だった娘が上野動物園で迷子になった。ちょっとしたスキのことだった。足がガタガタ震えて止まらない。娘がいない三十分、それはとてつもなく長い時間。何ひとつできない無力の私がそこにいた。

母親、新聞、経験。偶然の必然性か。とにかく、じっとしていられなかった。お母さんの九年間に及ぶ苦悩を理解することも、分かち合うこともできない。でも、同じ母親として、私たちにできることはないか。母親だからこそできること、感じること。

たとえば子どもたちに、この事件の話をしよう。母親が真剣に話せば子どもは考える。命の大切さ、母親の愛。私たち母親がアクションを起こせば、周りの人もきっと動いてくれるはずだ。子どもを守れるのは大人だ。かけがえのない命。

香ちゃんを捜すために、みんなの力を……。

（二〇〇〇年十月号）

お母さん、メモをとれ！

十一月一日は幼稚園の願書受付開始日。少子化の影響で年々子どもの数が減っていく。母親情報によると、一部の幼稚園では園児獲得に手段選ばず。解禁日前のフライングも多いと聞く。

一方、入園を控えた母親たちも、わが子の幼稚園選びに必死だ。クチコミの本領発揮。

公園やサークルでは幼稚園の話題に花が咲く。

そこで、ひとつの提案だ。

まずは、母親の目で幼稚園を確かめよう。子どもが一日の大半を過ごすにふさわしい場所か、環境をチェック。最重要ポイントは園の保育方針。母親が園長に直に聞くことが肝心。保育は園長の考え方次第だ。

答えの定番は「豊かな心とやさしさ」「元気で健やかな子どもを育てる」。そして畳み掛けるように次の質問。「豊かな心とは具体的にどういうことですか?」「保育のどんな場面に反映されていますか?」。園長の言葉一つひとつ、母親はしっかりとメモをとる。言葉に詰まり、焦る園長。運命の分かれ道になるとはつゆ知らず。母親が見て知って、わかって選べば絶対だ。

幼児期こそ、豊かな心を育てる大切な時期。二十一世紀の人の生き方を見据え、子どもたちに何を提案していかなければならないか。コストパフォーマンスを考えた保育の時代だ。抜群のセンスとはいわない。ほどよい刺激を与えてくれる、そんな園長はどこに……。

(二〇〇〇年十一月号)

『お母さん業界新聞』

お母さんが仕事請け負います

行政主催のワンパターン企画ではもう市民は満足しないことに、一部の関係者が気づき始めた。縦割り行政、単年度事業、アフターフォローなしの弊害が如実にあらわれているのが、今の子育て支援だ。

支援とは名ばかりで、正しくいえば、これはむしろ委託事業だ。企画や情報はお金にならないというが、母親たちの子育て経験や地域活動のノウハウは、体験に基づく知恵であり、まさに生きた情報なのだ。

行政が関わる事業はすべてボランティア。特に情報紙を制作しているサークルなどは、ほとんどが持ち出しだろう。

何をするにも費用がかかる。だが必要経費という発想はない。情報紙が完成したら、売ればいい。いいものは売れる。欲しい人がいれば喜ばれる。それが次の活動資金になる。しかし、それさえも許されない。

社会ではＮＰＯという新しい動きがあるが、母親たちの活動こそ、地域を支える大切な社会貢献事業だ。そろそろボランティアという枠を超えてもいい。母親たちはそのレベルにいるはずだ。

二十一世紀は、行政や企業が地域の母親たちに、アウトソーシング（委託事業）する時代。だからこそ母親たちも、社会に通用するように、さらに意識を上げて「業」を磨こう。これこそが、生きる力。新しい時代は、もうそこまで来ている。

（二〇〇〇年十二月号）

ＩＴとふれあいの相関関係

「ボランティアは究極のレジャーである」という天野祐吉氏。さすがコラムニスト、洒落たコメントだ。

阪神淡路大震災以来、地域で、第二次ボランティアブームが起きている。その立役者は、企業社会から戻ってきた元気なシニアたち。慣れない社会でカルチャーショックを受けながらも、生きがい探しに奔走している。

時代は確実にIT化。ウナギ登りの「IT曲線」に反して、人と人とが出会う「ふれあい曲線」はますます下降の一途。二つの曲線の限界効用を超えたとき、また一つ大きな社会問題が誕生する。

これまで、人は人と出会うことでストレス社会を形成し、多くの功罪をつくった。ところが今度は、人と人とが関係しないことによるストレスだ。メール一本で生活できる便利さと、メールが返って来ないことによるストレスが、心身障害を生む現実。パソコンでは人のぬくもりは感じられない。

一方、教育業界では奉仕活動の義務化が話題になっている。本来、奉仕活動とは自発的な行動を意味するもので、人から強制されるものではない。誰かが困っていたら助けるのは当たり前だ。氏いわく「二十一世紀は貧乏暇あり」。

確かに、ボランティア活動はお金をかけないで感動を得るチャンス。だが、そろそろ母親たちは究極のレジャーに飽きてきた。地域が「消費の場」から「生産の場」になろうとしている。

（二〇〇一年二月号）

母親は大地である

『日本経済新聞』のトップページに、「教育を問う」という連載があった。ようやく、日本経済にも子育てや教育問題が重要だと理解されたか。

先般、全国各地で催された成人式は荒れ放題。大人たちは早速、成人式の是非を議論し始めた。問題はそこではない。子どもたちに、社会からどんなルールを学べというのだ？

紙面には、ＫＳＤの記事が堂々と隣り合わせに並んでいる。選挙とカネしか頭にない政治家たち。ルールを守らない子どもに、何も言わない教師。子どもを、他人より少しでもいい学校に入れることしか頭にない母親たち。授業参観で、授業に支障をきたすほど大きな声で騒ぐのも母親たちだ。

ジャーナリストはみな、自ら偽善者だと公言している。無神経な大人社会に汚染された現代社会。子どもに正しいことを伝えられる大人はどこにいる？

建築家の安藤忠雄氏が、ある新聞で語っていた。自分の人間性の根幹は祖母にあると。大阪の商人だった祖母から合理精神と自立心を徹底的に学んだという。昔から、商人の家庭はいつも家業に追われ、十分に手をかけた子育てなどされなかったが、生きる上での基本は厳しく教えられた。

子どもにとって必要なものは何か？　それを考える責任は、大人たちにある。一流の大学や企業に入ることより、社会の中でひとりの人間として何をすべきかを考え、自ら行動する力を教えることこそ、我々の役目ではないか。

子どもに媚びず、威厳を持った子育てをしたい。大地のように、子どもが育つ根っこをしっかりと守るのだ。

（二〇〇一年三月号）

母親をいっとき忘れてみる

『お母さん業界新聞』

「そのままのあなたでいいのですよ」。

子育てに切羽詰まった母親たちに対して、子育て支援者やカウンセラーは言う。そして、その言葉に母親たちはホッとし、涙する。

今、幼児虐待が大きな社会問題になっている。相談窓口に問い合わせをする母親たちも年々増加の一途。母親たちの声は切実だ。

子育て中の母親ならば、幼児虐待まではいかなくても、それに近いところまできている人もまた多い。手を差し伸べるのは簡単だ。だが、ただ無条件に彼女たちを受け入れることだけでいいのだろうか?「うんうん」と話を聞いてあげ、「大変だったね」と声をかければ、いっとき母親たちは救われるだろう。しかし、それだけでは根本の解決にはならない。

それではどうしたらよいのだろう？

母親であることが苦しくてたまらないという母親には、ほんの少しの時間でもいい。子育てから解放され、母親であることを忘れられる時間が必要だ。

たとえば仕事。夢中になれる仕事、責任のある仕事があれば、いっとき子育てを忘れられるばかりか、自分の自信につながるはずだ。ひとりの人間として社会へ出れば、大変なことも多いけれど、それ以上に刺激と感動がある。眠っていた細胞が動き出し、人間力（母力）にも磨きがかかるだろう。

本当の子育て支援とは、母親を受け止めるだけではなく、母親にチャンスを与えること。

転んだら手を貸して起こすのではなく、自分で立ち上がるのを待とう。母親たちの力を信じて、突き放してみるのもいい。時には、荒療法も必要だ。　（二〇〇一年四月号）

フツーのお母さんの価値

某テレビ局から、番組出演のため、ひとりのお母さんを紹介してほしいという依頼がきた。子育てをテーマにした番組らしい。主旨、内容もしっかりしていて問題はなさそうだ。

「ところで、出演料はおいくらですか?」と切り出した私の言葉が信じられないようで、「コメンテーターの先生には出演料はありますが、フツーのお母さんとして登場していただくので……」と言葉に詰まる担当者。「フツーのお母さんには出演料はないのですか?」と、さらに詰め寄る私。

番組の構成上、母親の映像はかなり重要なはず。視聴者は、子育ての現場も知らない先生のコメントより、母親の声に興味を示し共感もするだろう。出演料の違いはあるにせよ、母親には交通費さえ出せないというのは、おかしな話。

『お母さん業界新聞』

当たり前のことが当たり前でない社会を変えられるのは、私たち一人ひとりの声。ともすれば、チャンスをなくすことにもなりかねない。だが必ず、残るものがあるはずだ。問題は金額ではない。「自分がテレビに出ることで、多くの母親たちのお役に立てればうれしい」とお母さん。本当にいい番組をつくりたいプロデューサーであれば、そこを評価しないで、どこを評価する？

ジャーナリズムは男社会だけのものではない。本来、情報の発信者はマスコミではなく、生活者である。ひとりのお母さんの価値。男女格差以前に、声を上げていかなければならないことがある。旧態依然としたその体質を変えるのは今だ。

（二〇〇一年五月号）

風を切って歩くお母さん

さわやかな初夏の風。すれ違ったひとりの若いお母さん。ジーンズのロングスカートに茶髪のショートカット。今風のヘアースタイルがかっこよく決まっている。

背中にはようやく首が座った赤ちゃん、右手には三歳ぐらいの子どもの手を引き、左肩には軽々とベビーカーを抱え、その横には五歳ぐらいの子ども。両側の子どもたちは、お母さんから離れまいと必死になって小走りでついて行く。

さっそうと歩く母親の姿は、とても、三人の子ども連れとは思えない。大股で軽やかに、しかも堂々と歩くお母さん。子どもの歩調なんて気にしない。「お母さんと一緒に来たいならついておいで！」と言わんばかり。

初めての子育ては戸惑うことばかり。慣れない子ども相手に四苦八苦。頭で考えるようには、うまくいかない。そんなの当たり前。「子育てに自信がある」と言いきる人のほうが、むしろ問題が多い。

いつもいつも、子どもの目線で、子どもの歩調に合わせて歩いていたら、そのうち自分自身が見えなくなってくる。子どもを産んでから、歩いたことのない道を歩いてみる。火が出るほど辛いカレーを食べ、ガンガンのロックを聴き、しびれるほどの恋愛映画を観る……。

子育てに自信がなくなりそうになったら、自分の歩調で歩いてみよう。気持ちいい風を身体いっぱいに感じながら……。子どもはちゃんと、お母さんについて来るから。

（二〇〇一年六月号）

お母さんは夢を描く人

「子育て中の母親だからこそ、夢を描いてほしい」と、十二年間も言い続けてきた。

子育てに夢が描けない社会といわれて久しい。なぜ、母親たちは夢を描けないのか？

社会にある「子育て」という枠。女性は結婚して子どもを産むと、好むと好まざるとにかかわらず、「子育て」という枠の中に入る。多くの女性たちは母親になった途端、身動きがとれないまま、がんじがらめ。この中で生きることしか選択肢がないと諦めてしまう。

改めて考えてほしい。「子育て」って何？　今、社会で起こっているさまざまな出来事。

陰湿な事件、犯罪の低年齢化、学校崩壊、密室育児、虐待……。どれも、もうギリギリの限界まできている。

そして、そこで犠牲になるのはいつも、罪のない子どもたち、弱者である。「こんなときに、母親が夢なんて描いていてもいいのか？」という声が聞こえてくる。私は声を大にして言いたい。「だからこそ、夢を描くのだ」と。

夢に向かって生きている母親は、自分の生き方を持っている。夢をカタチにするために「考える」。悩んだり苦しんだり、時には挫折もある。その中で人と出会い、社会を知る。夢を描くことで、人にもやさしくなれる。

ごはんを食べさせることが、子育てではない。母親の生き方を見せることが、子育ての原点だ。夢を描いているお母さんの顔はいい。子どもはそれを見て、夢を描くだろう。

（二〇〇一年七月号）

なにが子育て支援だ！

ある託児付き講演会。

講演の途中、参加者の半数以上の母親が「〇〇ちゃんのお母さん」と書かれたボードで呼び出された。数分後には、泣き顔の子どもを抱いて、会場に戻って来る。保育者には、「子どもを泣かせてまで保育できない」という持論があった。おかげで、講演会場は保育園さながら。

初めて託児を経験する母親は、講演ギリギリまで保育室にいて、後ろ髪を引かれる思いで子どもを置いていく。一方で、子どもを保育者に託し、一言も声をかけずに保育室を出ていく母親もいる。

突然に母親を見失い、子どもは泣き叫ぶ。えてして、子どもを預ける心構えや準備ができていない母親たち。少子化対策の一環として設けられた、子育て支援の講演会。わずか二時間でさえ、子どもと離れられない母親たちがたくさんいる現実。

もうひとつの講演会。テーマは「夢を描いて子育て」。主催者の意向に沿って、母親が夢を描き、笑顔で子育てをすることがどんなに大切かを、二時間たっぷり話した。大変な子育てに、夢を描くことをすっかり忘れていた母親たちが、講演会の終わりには、少しずつだが夢を描き始めていた。

ところが、講演会終了の主催者のコメント。「皆さん、夢を描くのもいいけれど、子育てをちゃんとしてからにしてくださいね。老婆心ながら一言だけ」。ちなみに、挨拶をされたのは、何十年も母親たちを支援してきたという女性。もちろん、講演も最後まで聞いてくれていたのだが……。

新しい時代の子育て支援。母親の支援より、支援者への教育が優先かもしれない。

（二〇〇一年八月号）

子どもに何を伝えるか

アメリカの同時多発テロ事件に、多くの人が震えた。信じられない光景が、目の前に。誰もが現実とは思えなかった。

あまりのリアルさに、「子どもには見せてはいけない」という声が上がった。米大統領夫人は、衝撃的映像が子どもに与える心理的影響を訴えた。日本では、テレビを見せないようにと、プリントを配る公立小学校もあった。

確かに、子どもたちに及ぼす心理的な影響は恐ろしいし、残酷なシーンを見せたくない気持ちもわかる。しかし、果たしてそれだけでいいのだろうか?

子どもの世界では、ファミコンやゲームは当たり前。現実（リアル）と仮想（バーチャル）の世界が混在している。

高度情報化社会の中では、もはや、子どもたちに「いい情報」だけを与えることはできない。事件現場では、多くの同僚を失った警察官や消防士らが、悲しみに耐えながら必死の救出作業を続けている。全米中から食料物資や献血など、たくさんの救援の手が差し延べられている。その姿こそ、子どもに伝えたい情報とはいえないか。

複雑な民族問題が絡むこの事件は、そう簡単には解決しないだろう。長い間、歴史に刻み込まれた事実を真実として伝えていくことも、生きている我々大人たちの務めではないか。亡くなられた多くの犠牲者の方のご冥福を心からお祈り申し上げたい。

（二〇〇一年十月号）

世界にマザージャーナリズムを

九月十一日午前九時（日本時間午後十時）に起こった、アメリカの同時多発テロ事件。平穏なお茶の間に、突然飛び込んできた惨劇シーン。マンハッタンにそびえ立つ世界貿易センター（ＷＴＣ）に、飛行機が激突する映像が繰り返し放映され、人々は恐怖に震憾した。

あれから一か月。事態は解決どころか、ますます深刻化。わが国では、十月十六日にテロ対策特別措置法案が可決された。バイオテロの疑いの強い炭疽菌禍も拡大の様を呈している。もはや対岸の火事ではない。国際社会の中での、日本の処し方が問われているのだ。

次世代の子どもたちを育てる母親だからこそ、もう無関心ではいられない。あの場所に自分の家族や子どもがいたらと、誰もが真剣に考えた。国際経済や宗教観の利害関係を超えたところで語れるのは、母親しかいない。国の政策に限らず、大切な場面で決定権を持つのは大多数の男性たちという現状に問題はないか。子を思う母の愛は万国共通。世界中の人が、子どもたちと一緒に夢や未来を語り合えたら。

じっと待っているだけでは、何も始まらない。まずは考えてみよう。私たちにできることを。メディアから流れる情報ではなく、母親の視点で、言葉で、子どもに伝えるために。

（二〇〇一年十一月号）

マザージャーナリズムで勝負する

ある新聞の記事に目が留まった。

それは、ノーベル賞作家の大江健三郎氏が、講演を依頼された高校から「政治的なことについて話をしないでほしい」と言われ、「小説家が若い人に講演するのは、自分の生き方や考え方をまるごと伝えるためだ。自由に話せないなら講演は無駄だ」と講演を断ったという話。

そういえば『お母さん業界新聞』の新年号で、ある政治家と対談した。それを読んだ方から「この新聞は配らないほうがいいですよ」と指摘された。その政党に支持していると思われてしまうからという理由で。

私は政治家と対談したのではなく、その人の生き方が素晴らしいと思ったから対談した。彼がどこの政党であるかなど、どうでもいい。しかし、世間はそうは見ないという。

また、ある宗教団体から講演依頼を受けたときも、数人からやめたほうがいいと言われた。担当してくれたお母さんたちが心から私を歓迎してくれる気持ちに嘘はないから、もちろん引き受けた。

人は政治や宗教を超えて結ばれなければならないことを、アメリカのテロ事件から多くの人が学んだ。『お母さん業界新聞』の力はまだまだ小さい。しかし、フェアでいれば必ず人は理解してくれる。子どもを育てている母親だからこそ、フェアになれる。

それがマザージャーナリズムだ。お母さんの視点が必要になる時代が、そこまで来ている。

（二〇〇二年二月号）

脳を揺さぶる情報を

先日の総務省発表による完全失業率は五・三％。都道府県別に見ると、沖縄が最も高く八・四％。次いで大阪が七・二％と、脅威的な数字を示した。だが、その数字を実感するのは、夫から「リストラの対象者リストに入っている」と宣告された日。そのとき初めて「脳」に響くのだ。

自分の子どもがいじめや不登校に直面した親たちが、突然、教育問題に興味を持ち始めるのも同様。女性向け講座のタイトルに「自立」という言葉を掲げると、母親たちの参加率は一気に低くなる。母親たちに意識がないのではなく、自立する必要がないから「脳」に響かない。

ある会で数人の父親たちに、「地域で子育て」というテーマを投げかけた。しかし、「地域」という曖昧な言葉ではどうもピンとこないようだ。

ところが、「子どもが小さいときは、いつも親が手をつなぎ、抱っこして子どもを守れるけれど、大きくなったらいったい誰が守りますか?」と言うと、「うん、うん!」と子どもの顔を描きながらうなずく。そこで初めて「地域」という言葉を意識した。

『日本経済新聞』の一面に「教育を問う」の連載第二弾がスタート。これからの経済再建に「教育」が不可欠と、ようやく一部の人の脳にインプットされた。

二十一世紀は情報社会だからこそ、人々の脳細胞をグイグイ刺激する「情報」が必要。

大人たちが知恵熱を出すようになると、社会が変わるかも。

（二〇〇二年三月号）

あなたのお母さんはどんな人？

街角にリクルートスーツの若者。洋服もヘアースタイルもギリギリの線だが、なぜか個性が見えない。

経済同友会傘下の各企業の採用調査によると、重視する項目は、一位が想像力・実行力、（六九・八％）、二位は熱意と気力（六七・四％）、以下、三位　論理的志向（四二・六％）、四位　創造性（三四・九％）、五位　専門知識・研究（二一・七％）と続き、出身校については〇％、学校の成績は一八・七％という結果だった。

もはや学歴社会の時代は終わり、個性や馬力が大切だと、企業人たちは気づき始めた。存続が厳しい企業ならなおさらのはず。履歴書もしかり。お決まりの証明写真からは、本人の素顔は見えてこない。

学歴、職歴、賞罰、志望動機では、どんな人かわからない。緊張したよそゆき顔より、とびきりの笑顔がいい。紺色のスーツより、一番似合う自分らしい服で面接に挑みたい。一芸披露なんていうのもいい。

トランタンネットワーク新聞社も、先日社員を公募した。届いた履歴書を見ても、ちっともピンとこない。第一、子育て歴も地域活動を書く欄もない。判断のしようがない。

志望動機に「母親を支援するというポリシーにひかれて」と書いてくる人はあまり信用しないことにしている。それで成功した例は少ないからだ。

むしろ、その人の育った環境や育ち方こそが大事。だから「あなたのお母さんはどんな人？」と聞く。経営者と母親の両方を経験して、初めて気づいた「子育て」の大切さである。

（二〇〇二年四月号）

自分自身がモデル

不登校児童数十三万人という脅威の数字。スクールカウンセラーなんて必要ないと語ったのは、教育業界のトップ。

「誰だって、自分流の癒しがある。俺は、しんどいときは、温泉に入って好きな仲間と酒を飲めばいい」と。現実に、子どもたちをめぐる問題はさまざま。答えも一様ではない。

心が癒されない迷子の子どもたち。学校にも家庭にも、自分たちの居場所はないのか。居場所がないのは、子育て中の母親もまた同じ。どこにも行き場がなく孤立してしまっている。そんな子どもや母親たちの、居場所や相談機関をつくることも、確かに必要だ。しかし、それは根本的な解決手段にはなっていない。

どんなに悪い環境下でも、我々は生きていかねばならない。むしろ、「自分が気持ちのいい場所は、自分でつくる」という発想が、生きる力だ。そのために人は考え、悩み、汗をかく。それを伝えることが、「教育」なのかもしれない。

この価値観の多様化の時代に、モデルは期待できない。これからは、常に自分自身がモデルなのだ。親として、大人として、時には仲間として、一生懸命な姿を、子どもにめいっぱい見せていくことが大切だ。

数日前、高校の北米研修という二週間のアメリカ滞在を終えて帰って来た娘の一言。「日本って、ショボイね」。妙に気になるのである。

(二〇〇二年五月号)

商店街の子育て支援に期待する

商店街の空き店舗を活用した保育事業。提案しているのは、中小企業庁と厚生労働省。コミュニティー施設活用商店街活性化事業と保育サービス事業のコラボ企画だ。

郊外型の大型ショッピングセンターに押されて、すっかりさびれてしまった商店街は今、高齢者問題に頭を抱えている。そして、待機児童数を解消するための保育事業の拡大。両者の「困った」を解消するためのコラボレーション。

今さらのような気がしないでもないが、要は成功させることが先決。そこで問題提起。商店街の店主らは、今の母親たちの現状をどこまで理解しているか。なぜ子育てが大変なのか。

「ぼく何歳?」と声をかける商店街のおじさん。「五歳だよ。今日ね、ぼくの誕生日だよ」「そうか、誕生日にお手伝いなんて偉いな。それじゃあ、コロッケ一個おまけしとくよ」。

中には一週間も、子ども以外の誰とも会話しない母親がいるなんてこと、信じられるだろうか。スーパーのレジではバーコードのピッ音だけ。

「空き店舗を有効に活用し、ついでに母親たちが買い物をしてくれたら……」では成功しない。大切なことは「商店街全体で子育てをする」気持ちだ。それさえあれば、母親たちは自然と集まって来る。

シナジー(相乗)効果は、商店街の活性化にとどまらず、トータル的なコミュニティ

の活性化を生むだろう。今こそ、問題解決型のしかけをする時だ。（二〇〇二年六月号）

保育が人を変える

先日、「子ども向けのイベントを開催するので、お母さんたちに協力してほしい」と依頼があった。

その人は、これまで数々のイベントを手がけた大物プロデューサー。「なぜこのイベントをやりたいのですか?」と質問した。「大人が子どもたちと関わることで、血がきれいになるんです」と、彼は答えた。

「血がきれいになる……」。ドキッとする言葉だが、この言葉とマザージャーナリズムが重なった。

子どもとふれあうことで大人の血がきれいになるなら、地域のあちこちに、子どもたちとふれあう場所をつくればいいんだ。

人の子どもを預かった経験がある人ならわかる。初めて母親から離された子ども。その子は、自分の面倒を見てくれる人がどんな人か知らない。最初は我慢をしていても、なかなか戻って来ない母親に、不安は頂点に達する。大泣きの子どもは、小さな手で、力の限りしっかりと大人の体にしがみつく。そのとき子どもは、自分を守ってくれる人はこの人しかないと実感する。

母親が戻って来るまでのひとときではあるが、その力いっぱいの手のぬくもりを感じたとき、人は「愛しさ」を感じる。「自分を必要としているこの子を守ってあげたい」と。

どんなに情報社会になろうと、人のぬくもりややさしさは伝わらない。そのうち、「子どもの保育を体験できます」なんて仕事が生まれるかも。それなら、まずは一番に政治家に提案したい。子どもには少し迷惑かもしれないけれど…。（二〇〇二年八月号）

ガンバレ！　新米お父さん記者

最近、大手新聞社の記者、数人に取材を受けた。どの記者にも同じように、社会にある「子育て」の枠、母親たちが置かれた環境の悪さ、子育てに夢が描けない社会について語った。

しかし、取材側の反応に大きな違いを見つけた。ある記者は、記事を書く目的のためだけに必要最低限をメモにして、さっさと帰った。その後、掲載されたらしいが、その連絡も来ないまま。この手の取材ではよくあることだから、さほど気にしない。

気になったのは、もうひとりの若い男性記者。話を聞く姿勢が真剣そのもの。私の言葉一つひとつを丁寧に受け止め、ノートにぎっしりと埋め尽くされた取材メモ。「取材でこんなにメモをとったのは、初めてです」と、汗ばんだ顔がとてもさわやかだった。

彼は、まもなくお父さんになるという。

『お母さん業界新聞』

そこには、ひとりの新聞記者という立場を超え、生まれてくるわが子と妻への思いが詰まっているのだろう。

社会をつくっている人々が、どれだけ当事者意識を持っているか。自分の子どもに食べさせたくない食品をなぜつくる？　自分の子どもに通わせたくない学校をなぜつくる？　経済、環境、教育、政治……、すべて当事者意識にならなければ、これからの社会はない。

新米お父さん記者は、まもなく父親になり、これまで見えなかった社会が見えてくることだろう。予定の取材時間を延長してしまい、慌てて「帰ったら急いで原稿を書きます」と言う彼の背中に向かって、「子どもに誇れるジャーナリストを目指して」と、エールを送った。

（二〇〇二年九月号）

子育てと経済効果

もしお母さんが笑顔になれば、社会にあるかなりの問題を解決できる。

我慢の子育て期を笑顔で過ごせるようになるだけで、少子化社会、地域の崩壊、核家族化、教育問題まで一気に道が開けるはず。そんな簡単なことがなぜできない？と思うけれど、できないのではなく、そんな仮説、誰も考えていない。

つまり、子育てをしている母親（専業主婦）と「経済効果」という言葉が、全く結びつかない。

子育てのために仕事を辞めなければならない構造社会で、どれほど経済的損失が大きいか。母親たちに、子育てをしながら仕事ができるチャンスをつくれば、一気に地域は活性化するに違いない。

たとえば、「家庭保育園」のような、家庭で子どもを預かるというシステム。地域には、これによりさまざまな効用がある。核家族化が激しい都市部では、特に孤立化した子育てが、どれほど大きな社会問題になっているか。

子育ての評価もしかり。「子育て」は、二十一世紀を担っていく大切な子どもを育てる大事業である。これ自体が、大きな経済効果をもたらしているはずだ。

地域で子育て中の母親たちが、「お母さんが笑顔になるために、私にできることありませんか？」と手を挙げ始めた。今はまだ小さなウエーブだが、一歩踏み出してくれた母親たちは、「子育てと経済効果の関係」を理解している。

（二〇〇二年十月号）

本気を知りたい

「ぼくはお前たちのために命を賭ける」。ひとりの真剣なまなざしの人間に出会った。

「ぼくの残された人生、自分の全精力を子どもたちに捧げる……」。子どもたちのために、本気で闘う大人なんているのだろうか。

「本気」って何だろう。今の時代、人は、どこまで本気で生きているのだろう。若者たちは何も考えていないと、大人はいう。それなら我々大人たちは？

学歴社会は崩壊した。生身の人間で勝負するしかない時代に、「素」の自分に何ができる⁉　何もできないのに、できると錯覚している大人だらけ。

「生きる場所」を知らない迷子の子どもたち。でも、同じように「生きる場所」を知らない大人もたくさんいる。

人は、人によってやさしさや愛を与えられる。そして人は、いとも簡単に人に裏切られ、挫折を経験する。善と悪を持ち合わせた人間社会。その狭間で生き続けるために、小さな光を求めてさまよっている。

「命を賭ける」と、言うのは簡単だ。だが子どもには、大人に見えないホンモノを見抜く生得的な力がある。

ホンモノに出会った子どもたちは、全身でその人の「本気」をキャッチするだろう。そして、その手応えを感じたとき、その人は、生きている喜びと実感を、まるごと子どもから与えられる。それこそ生きるエネルギーだ。

『お母さん業界新聞』

人として生きた証に「本気」に出会えたら、人生が変わる。感動で震えるくらいの「本気」を手にしたとき、新しい「道」に出会うかもしれない。

（二〇〇二年十一月号）

ウチらの時代がやって来た

ある不登校の子どもたちが、「おいらの生き方」というテーマで集まっているという。

そして、今度はその子どもたちの姿を見て、シニアたちが「わしらの生き方」を考え始めた。

そういえば、先日対談した元吉本興業の木村政雄氏。「我々中年は若い者にさっさと席を譲って、自分たちは、次の幸せを見つけよう」と語っていた。あてにならない会社にしがみつくより、次の時代を見つけようという氏の言葉に大きくうなずいた私。これからの時代の、主役は自分だ。

ある会で、大学生たちと出会った。彼らはいろいろな大学から集まって、ひとつの新聞をつくっている。自己紹介では何人かの学生が、就職活動中だと語った。

残念ながら、彼らには自分たちで「新聞社」をつくるという発想はない。「学校を卒業して、一流企業に就職する」というレールしか知らない。思わず、「お母さんたちだって新聞社をつくれるんだよ」と、エールを送った。

不況社会、生活が苦しい人がますます増えている。素晴らしい才能を持っていながら、自分の力を発揮する場所もない。やりたいと発信する場所もない。今こそ、それぞれの立場の人が、自身でそれぞれのステージをつくることが大切。

自分たちができる力を全力で出せる場所。自分たちが生きていることを確かめ合える場所。そこでは、年齢も性別も関係ない。たくさんの「人」に出会いながら、私たちは生き方を学んでいく。

その生き方を見て、子どもたちは育つ。そろそろ我々大人たちが、子どもたちに「本気」を見せるときではないか。もしかしたら、私が十年間描いていた夢のテーマパークは、そんな場所なのかもしれない。

新しい年に誓う。『お母さん業界新聞』は、「ウチらの生き方」を伝えていく年にします。本気の年……、応援してください。

（二〇〇三年一月号）

シニアたちの子育て支援

三百人もの地域のシニアが講演会に集まった。講演のタイトルは「これからの子育て支援について」。参加者のほとんどが、民生委員や児童福祉員という顔ぶれ。皆、地域で活躍している方ばかり。

最初に、質問をした。今日、この講演会に来た理由は三つのうちどれですか？ ①暇だった。②子育て支援に関心がある。③主催者側から強制（動員）された。模範回答の②に混じって、正直に③と答える人もいて、会場は一気になごやかムードに。

さて、本題の子育て支援。少子化対策として、地域に子育て支援が提案されるものの、人々は何をどうしていいのかわからない。

行政主催の「楽しい子育て」講座の受講者もまた、子育て中の母親よりシニアが多いこともある。まちで出会う子連れのお母さんたちにも、どう声をかけていいのかわからない。何か手助けをしてあげたいが、お母さんたちの気持ちがわからなくて……と、「本当の子育て支援」を模索中のシニアたち。

それなら、若いお母さんたちに「夢」を聞いてほしい。そこには彼女たちがやりたいこと、望んでいることがいっぱい。「夢」はお母さんたちの気持ち、そして未来のバロメーター。

そこでもし、「夢なんて描けない」という母親がいたらチャンス。そのときは、「子どものことは私に任せて、あなた自身の夢を見つけておいで！」と、お母さんの背中を押してあげる。

たとえ二時間でもいい。子育てから母親を解放してあげる。それこそ、今の母親たちに必要な「子育て支援」。地域に若い母親たちの夢が広がれば、子どもたちには笑顔が溢れ、同時に、生きがいを見つけた元気なシニアも増えるはず。

子育て支援を、シニアの自己満足に終わらせてはならない。

（二〇〇三年二月号）

母親のビートを感じる

音楽の基本はビートだとある人がいった。それは有名なスターを何人も育てた人。

本物のアーティストは、ビートにどれだけ自分の感性を乗せられるかが勝負。次のスターを目指す子どもたちに、「ビートを感じろ！」と指導する。ビート――。決して新しくはないけれど、なぜか気になる言葉。母親にもビートってあるのだろうか。

生命の誕生。人は、胎内で母の鼓動＝「胎音」を感じて育つ。トン、トン、トン……、胎音は、どんなときも乱れることなく、母親の「生きる」を伝えている。

胎音は、母親と子どもにしかない大切なコミュニケーション。つまり、ビート。十か月もの間、子どもは母親のビートを感じながら守られる。それは、世界にたったひとつの、母と子のビート。

そこには子どもを守る母の存在。子どもにとって、母親のビートを感じる場所こそ、

「聖地」と呼べよう。

子どもを産んだ瞬間に、母親と子どものビートは乱れる。母親も子どもも不安になるのは、当然なのかもしれない。

トン、トン、トン……、母親の打つビート。母親のビートを、一生懸命に感じようとする子ども。母親もまた、生きている限り子どもにビートを打ち続ける。どんなときも、ただひたすら。それが母親。ビートが乱れたら、そっと目を閉じて思い出してみよう。トン、トン、トン……、心の響きが聴こえるか。自分と子どものビートは、世界にひとつしかないビート。

（二〇〇三年三月号）
『お母さん業界新聞』

浮いちゃうお母さん業界

国土交通省のある委員会で「公共交通の快適性・安心性」というテーマで意見をいう機会をいただいた。

会の趣旨は、バスや電車を利用する際の快適性や安心性を示す指標を検討するというもの。委員には有名な学者や鉄道会社のトップの皆さん。検討委員会では、実際にバスや電車を利用して「どれくらい安心で快適か」の数値を計るという。

母親の視点から述べる。

「今朝、ここに来るまでJRと地下鉄を利用しました。車内には、われ先にと座席を奪い合う乗客、疲れきったおじさん、何を考えているかわからない無気力な若者。ひとりの母親として、この電車に子どもを乗せること自体に不安を感じました」。

「車内という小さな空間の中には、人間同士のふれあいも、やさしいまなざしもマナーもありません。ここでもし何かが起こったら、果たしてここにいる大人は子どもたちを守ってくれるのでしょうか」。

快適・安心という点では、日本の公共交通は十分だろう。大事なのは「バリアフリー」でも「ユニバーサルデザイン」でもなく、人が、人らしく生きるということ。それは、公共交通ばかりでなく、保育園、学校、コミュニティセンターにもいえること。

私の唐突な言葉に、委員たちは唖然とし、一拍おいて、なるほどというようにうなずいたが、結局「その数値をどう示せるか」というところで話は滞った。

調査の目的は、数値ではないはず。公共交通をすべての人に快適、かつ安全に利用してほしいのであれば、調査のあり方を再検討する必要があるのではないか。

こういう委員会に参加するたび、いつも浮いてしまう、お母さん業界なのだ。


（二〇〇三年四月号）

おわりに

今日まで二十年間、子育て支援の仕事を続けてきた。もともとは、三人の娘を持つごく普通の母親。最初は育児サークルの母親たちとつくった、わずか五百部のミニコミ紙だった。新聞をつくりながら少しずつ意識が上がっていくと、一人でも多くのお母さんに、そして社会に、子育ての素晴らしさ、母親であることの喜びを伝えたいという思いが強くなり、お母さんの新聞社を起こした。その後は新聞をはじめ、教育誌や子育て読本など媒体づくりを中心に、イベントや講演会、まちづくりや保育事業…、いわゆる「子育て支援」と呼ばれる、ありとあらゆることをやってきた。

『お母さん業界新聞』『リブライフ』という新聞の表紙には、「八面六臂《はちめんろっぴ》」というコーナーを設け、その時々、子育てについて思うことを綴ってきた。今でこそ、社会に浸透した感のある「子育て支援」だが、十年前から何度となく取り上げてきたテーマである。

「八面六臂」を辞書で引くと、「多才で、一人で何人分もの活躍をするたとえ」とある。家族の衣食住はもちろん、健康管理や教育など、すべてを支えているお母さんは、まさに八面六臂の活躍。だが、母親という役目だけでなく、ひとりの女性、ひとりの人間として輝くことができたら……そんな思いを込めて、毎回、一筆入魂。本書はそれを一冊にまとめたものだが、時には怒り、時には涙し、そして感動する、藤本裕子の喜怒哀楽がそのまま文章になっていて、少々気恥ずかしくもある。

本書は、大きく三つの章に分かれ、第一章が最新コラムで、第二章、第三章と過去にさかのぼっている。

第三章は、旧『お母さん業界新聞』の時代。当時はＩＴも普及しておらず、子育ての情報がほとんど手に入らなかった。そんな中、藤本裕子は何をそんなに怒っているのかというほど、行間から怒りが溢れている。いくら吠えても、ひとりの母親に世の中を変えることなどできるわけもないのに……。が、ある意味この時代に、藤本裕子の原型がつくられたともいえるだろう。

第二章は、新聞が『お母さん業界新聞』から『リブライフ』に変わったとき。リブライフ＝「生きる」とは何か？　この深くて偉大なテーマが私に降り注がれると、一気に混迷の時代へと突入。ちょうど教育の仕事に携わり、世の中の矛盾や不条理を痛感する場面も多かった。子どもたちの現状を知るにつけ、今まで自分が、いかに世の中の常識に翻弄され、物事の本質もわからず、一人前気取りで生きていたかと気づくのである。安っぽいプライドは捨て、一から学ぼうと姿勢を正すと、「生きる」というあまりにも大きな命題に、何も書けなくなり、ブラックホールに陥った。闘う相手は、ほかの誰でもない「自分自身」。そうとわかっていても、結論が出ない「混迷期」でもあった。

そして、第一章。十月十日《とつきとおか》悩んだ末、再び新『お母さん業界新聞』に。リニューアルではなく、大きく生まれ変わったというのが私なりの解釈だ。時代は、まさにＩＴ社会。情報の洪水の中で、溺れ苦しむ母親たち。ネットで検索をすれば、どんな情報も瞬時に手に入る、そんな時代に、母親にとって必要な子育て情報とは何か？　考え抜いた末、人のやさしさやぬくもり、つながりといった、目には見えないものの大切さに、改めて気づいたのである。

新しい『お母さん業界新聞』は、娘や孫たちへ贈る人生最後のレポート（宿題）だと思っている。五十歳という年齢を超えた今、まだまだ母親の修業が足りないのか、再び「お母さん」を追究する旅の切符を与えられた私。原点に立ち返った今をいうなら、さながら「落ちこぼれ期」。だからこそ、日々「お母さん大学」http://www.okaasan.net/で、現役（？）のお母さんたちと一緒に学んでいるのである。

本書は、普通に第一章から読んでも、第三章、第二章、第一章と逆さに読んでいただいてもいい。それによって、子育て支援の変容、同時に、藤本裕子というひとりの人間の変わりゆく様が見えるだろう。そして、それは藤本だから起こった変化ではなく、誰にでも起こり得ること。蛇行し、上がったり下がったりしながらも、少しずつ前へと進んでいる姿を感じていただければと願っている。

今、子育て中の母親たちは、二十四時間、三百六十五日、いっときも休みのない子育てに、多くのストレスを感じている。「子育ては大変」「子育ては我慢の時期」と、社会にはネガティブな情報ばかり。しかし、ひとりの人間を産み育てる「子育て」は、大変で当たり前。でも、その大変さと同様、いやその何百倍も、喜びや感動がある。子どもはいつか離れていく。けれども子どもは、いつだって母親の生き方を感じている。「お母さん」に終わりはない。だから、お母さんはスゴイし、子育ては素晴らしいと、繰り返し言う。

お母さんたちには、もっと自分に自信を持ち、お母さんであることを誇りにして、毎日を生きてほしいと思う。本書を読んで、「お母さんっていいな。自分ってスゴイのかも」と思ってもらえたら最高！　また、子育て支援者の皆様には、近年の子育て環境や子育て支援の変化、あり様を感じていただき、その上で「これからの子育てに必要なものは何であるか」を考える、きっかけにしていただければ幸いである。

今回、私の十年分の思いを一冊の本にしてくださった論創社の森下紀夫社長に、心から感謝いたします。
表紙のイラストは、十年前にイラストレーターのよこやまゆみが、描いてくれたもの。毎号、「八面六臂」のコラムを引き立ててくれるイラストだが、中でもお気に入りの一枚を、装幀家の前田麻美さんがデザインしてくれた。ちなみに、裏表紙のイラストは、森下社長が「ぜったいコレ！」と譲らなかったもの。

タイトルは、鉄腕アトムの「十万馬力」にも勝るほど「母の力は偉大である」というメッセージを込めて、『百万母力』とした。執筆中のＢＧＭは、決まってＴＵＢＥ。いつも元気と勇気をもらっている。

最後に、私に『お母さん業界新聞』をつくるきっかけを与えてくれた三人の娘と二人の孫、そして、この世に生まれては来なかったけれど、沖縄の竹富島の海で生きているもう一人の孫のボーちゃん、そして「お母さんはスゴイ！」を実証し、日々の発信の中で、私に気づきと感動をくれている「お母さん大学」の仲間たちに感謝し、私の力の続く限り、毎月レポート（新聞）を提出していくことを約束したい。

それが、私自身が「母になる道」であり、その道が、いつか愛する娘たちの歩く「道」につながると信じて。

藤本裕子

百万母力　『お母さん業界新聞』コラム集

2010年２月10日　初版第１刷印刷
2010年２月20日　初版第１刷発行

著者◉ 藤本裕子

発行者◉ 森下紀夫

発行所◉ 論創社

東京都千代田区神田神保町 2-23 北井ビル
tel. 03-3264-5254　fax.03-3264-5232
振替口座 00160-1-155266

装幀◉ 中嶋デザイン事務所

印刷・製本◉ 中央精版印刷

ISBN978-4-8460-0869-7

落丁・乱丁本はお取り替えいたします